*10 sermões sobre
o nosso dia
a dia com Deus*

A BELEZA
DA
VIDA CRISTÃ

Spurgeon

CHARLES .H.

hagnos

Livro confeccionado e organizado com base em sermões selecionados de Charles Haddon Spurgeon em domínio público.

1ª edição: março de 2023

Tradução
Paulo Sartor Jr.

Revisão
Luiz Werneck Maia (copidesque)
Francine Torres (provas)

Capa
Rafael Brum

Diagramação
Letras Reformadas

Editor
Aldo Menezes

Coordenador de produção
Mauro Terrengui

Impressão e acabamento
Imprensa da Fé

As opiniões, as interpretações e os conceitos emitidos nesta obra são de responsabilidade do autor e não refletem necessariamente o ponto de vista da Hagnos.

As notas de rodapé deste livro são do tradutor, inseridas para clarificar palavras, expressões e personagens, além de contextualizar o leitor sobre aspectos históricos e culturais.

Todos os direitos desta edição reservados à
Editora Hagnos Ltda.
Rua Geraldo Flausino Gomes, 42, conj. 41
CEP 04575-060 — São Paulo, SP
Tel.: (11) 5990-3308

E-mail: hagnos@hagnos.com.br
Home page: www.hagnos.com.br

Editora associada à

Dados Internacionais de Catalogação na Publicação (CIP)
Angélica Ilacqua CRB-8/7057

Spurgeon, C. H. (Charles Haddon), 1834-1892.

A beleza da vida cristã: 10 sermões sobre o nosso dia a dia com Deus / Charles H. Spurgeon ; tradução de Paulo Sartor. — São Paulo: Hagnos, 2023.

ISBN 978-85-7742-391-0

1. Vida cristã 2. Sermões 3. Deus I. Título II. Sartor, Paulo

23-0923   CDD 248.2

Índices para catálogo sistemático:
1. Vida cristã

SUMÁRIO

Prefácio 5

1. A comida secreta e o nome público 7
2. Servindo ao Senhor 31
3. Um banquete para os justos 55
4. Vivificante e revigorante 79
5. As árvores nos átrios de Deus 103
6. O cálice transbordante 127
7. Os trabalhos do amor 151
8. Não nos induzas à tentação 177
9. A religião do dia a dia 203
10. Nosso lema 229

Sobre o autor 255

PREFÁCIO

A CADA semana, Charles Haddon Spurgeon (1834-1892), considerado "o príncipe dos pregadores", nutria sua igreja, o Metropolitan Tabernacle, em Londres, Inglaterra, com o néctar da Palavra de Deus. Seus sermões inspiradores são um receptáculo de excelente erudição bíblica e um bálsamo para o coração de todo aquele que crê. Em *A beleza da vida cristã*, selecionamos dez desses sermões inspirativos sobre o nosso dia a dia com Deus.

1. "A comida secreta e o nome público", reflexão embasada em Jeremias 15:16, mostra que a vida cristã é repleta de desafios e que, para vencê-los, precisamos nos alimentar diariamente da Palavra inspirada de Deus.
2. "Servindo ao Senhor", pregado com base nas palavras de Paulo em Romanos 12:11, conclama os cristãos a cumprir em suas vidas o significado dessa declaração impactante.
3. "Um banquete para os justos", uma análise de Salmos 84:11,12, mostra o poder e o valor de confiarmos em Deus sob toda e qualquer circunstância.
4. Em "Vivificante e revigorante", que examina Salmos 119:25, são apresentadas razões pelas quais precisamos de vivificação, motivos para procurá-la, maneiras pelas quais ela é realizada e sugestões de como obtê-la.

5. "As árvores nos átrios de Deus", cujo argumento está alicerçado em Salmos 92:13-15, leva-nos a desejar uma vida abençoada hoje e para sempre, florescendo à sombra do Todo-poderoso.
6. "O cálice transbordante" reflete, à luz de Salmos 23:5, sobre o que é ser cheio do amor de Deus.
7. "Os trabalhos do amor" revela, com base na conhecidíssima passagem de 1Coríntios 13:7, que o amor nos comprou, nos buscou, nos trouxe aos pés do Salvador e nos impulsiona a atos que agradam a Deus.
8. "Não nos induzas à tentação" examina o espírito por trás dessa frase de Jesus apresentada em Mateus 6:13 e apresenta lições que podemos extrair dela.
9. "A religião do dia a dia" recorre a Gálatas 2:20 para mostrar sete pontos em que a fé em Jesus terá uma influência distinta sobre a vida que agora vivemos na carne.
10. "Nosso lema" aplica a passagem de Efésios 6:7 a todas as esferas do nosso viver, mostrando que ela só terá real sentido se Deus for verdadeiramente tudo em toda a nossa vida. Só assim nossa vida cristã será realmente bela.

Desfrute dessas reflexões abençoadoras extraídas diretamente da Palavra inspirada de Deus e aplicadas de forma sobrenatural ao seu coração. Que elas tenham tanto impacto em sua vida quanto tiveram na mente e no coração dos ouvintes de Spurgeon no século 19.

Boa leitura!

Aldo Menezes
Editor

1

A COMIDA SECRETA E O NOME PÚBLICO

Achadas as tuas palavras, logo as comi; as tuas palavras me foram gozo e alegria para o coração, pois pelo teu nome sou chamado, ó Senhor, Deus dos Exércitos.

Jeremias 15:16

JEREMIAS foi muito perseguido por sua fidelidade em transmitir a palavra de Deus. Ele nos conta o motivo de continuar em uma atividade que lhe trouxe uma recompensa tão dolorosa. Ele nos dá a entender que foi fiel ao transmitir a palavra de Deus, porque essa palavra foi incrivelmente preciosa para sua própria alma. Ele não podia fazer outra coisa senão falar a verdade, porque essa verdade era seu próprio alimento diário. Ele não encontrou nada além de maus-tratos daqueles a quem se dirigiu. Eles o difamaram de todas as maneiras; ele fora colocado na masmorra mais nojenta; foram-lhe negados até pão e água; tudo, menos aquilo que poderia matá-lo, foi-lhe infligido por seus compatriotas ingratos. E ainda assim ele continuou profetizando. Ele não podia ficar calado. Embora sua profecia não lhe trouxesse nada além de lágrimas, ele continuou a profetizar; pois a palavra de Deus veio com tanta doçura à sua própria alma e encheu seu coração de alegria e prazer tão arrebatadores, que ele não poderia fazer outra coisa senão ir e contar entre seus companheiros o que havia sido tão agradável para ele mesmo. Eu acredito que esse seja o segredo de todo ministério vivo. O ministério que se alimenta de elogios e elogia aqueles que o elogiam é uma pobre falsificação medíocre, e Deus nunca o abençoará. Mas o ministério que, sob grandes dificuldades e feroz oposição, ainda é mantido porque o pregador não pode deixar de continuar nele, é o que Deus abençoará. Um venerável teólogo deu um bom conselho a um jovem que aspirava ser um pregador ao lhe dizer: "Não se torne um ministro se puder evitar". Alguém que poderia muito facilmente ter uma loja ou ser um negociante não deveria ser um ministro. Um pregador do evangelho deve sempre ser um voluntário e, no entanto, deve ser sempre alguém compelido, que serve a seu Rei porque é avassaladoramente constrangido a fazê-lo. Só está apto a pregar quem não pode evitar a pregação, quem sente em si uma angústia a menos que pregue o evangelho, e que sente que as próprias pedras clamariam contra ele caso se calasse. Eu disse que Jeremias nos revela um segredo. Sua vida exterior, consistindo em seu perpétuo ministério fiel, deveria ser explicada por seu amor interior pela Palavra que ele pregava. Acreditem, este segredo decifra toda a verdadeira vida espiritual. Se alguma vez você vir alguém que anda em santidade, permanece firme na tentação e se mantém em pé na aflição, pode ter certeza de que há algo sobre tal pessoa que não é percebido por todos os que a veem; há um segredo que o mundo não conhece — uma fonte escondida que sustenta o riacho de sua vida —, uma fonte invisível de vitalidade que o mantém vigoroso mesmo em meio à morte que o circunda. A metáfora usada por John Bunyan[1] foi de que ele via um fogo que queimava de modo incomum, pois alguém que estava diante dele jogava água incessantemente para apagá-lo, mas embora o fizesse, o fogo não se apagava. Cristão[2] não pôde entender o milagre até que o Intérprete[3] o levou para trás do muro e lá ele viu alguém que jogava óleo sobre o fogo de modo tão perseverante quanto o inimigo lançava a água, de maneira que o fogo, sendo secretamente alimentado, não podia ser extinto. A vida de todo cristão é desse tipo: há um esforço enorme para destruí-la, mas, se for sustentada, há algo secreto que mantém essa alma viva para Deus e perseverante até o fim.

Nós iremos, então, nesta noite falar sobre a vida secreta do cristão, e depois sobre sua vida pública. Sua vida secreta é descrita desta forma: "Achadas as tuas palavras, logo as comi; as tuas palavras me foram gozo e alegria para o coração". Isso era somente para ele. Na próxima frase, tem-se sua vida pública, sua manifestação diante as pessoas: "Pois pelo teu nome sou chamado, ó SENHOR, Deus dos Exércitos".

---

[1] John Bunyan (1628-1688) foi um escritor e pregador batista inglês. Foi o autor de *The Pilgrim's Progress* [*O Peregrino*], uma alegoria cristã bastante popular entre países de língua inglesa.
[2] Personagem principal de *O Peregrino*.
[3] Personagem de *O Peregrino*.

I

Agora, observem que na descrição da VIDA SECRETA de Jeremias, que consiste em sua recepção interior da palavra de Deus (cuja descrição nos será clara), temos três pontos — o achar a palavra de Deus, o comê-la e o alegrar-se nela com todo o seu coração.

Primeiro, tem-se o achá-la: "Achadas as tuas palavras". Ora, não temos de achar a palavra de Deus como Jeremias, esperando até que o Espírito de Deus revele uma nova verdade, pois o Espírito de Deus agora não nos revela nenhuma nova verdade. Ele toma as coisas de Cristo — as coisas que são reveladas nas Escrituras — e as desvela e as aplica a nós. Não devemos esperar nenhum acréscimo ao cânon sagrado: a Bíblia está concluída e nada lhe será acrescentada. Portanto, não temos de achar a palavra de Deus nesse aspecto. Se alguém vier a mim e disser: "Tenho uma palavra de Deus para você", se tal pessoa não falar de acordo com este livro, você saberá imediatamente que ela é uma mentirosa e que sua fala é uma imaginação vazia. Sim, mesmo se ela viesse com pretensos milagres e se vangloriasse orgulhosamente de suas visões, ainda assim seria rejeitada, pois a Sagrada Escritura é a mente de Deus e as inovações são fantasias dos seres humanos. E, portanto, quando usamos o termo "achar" a palavra de Deus, devemos usá-lo corretamente, e nosso significado estará contido principalmente nos seguintes sentidos:

Primeiro, nós lemos a palavra. Ela está aqui: a Palavra de Deus está toda aqui e, se quisermos achá-la, devemos lê-la com sinceridade. Deixe-me recomendar-lhes a leitura frequente da Palavra de Deus. Os jovens fariam bem em adquirir o hábito de ler um capítulo todos os dias, não como uma formalidade, mas com um desejo sincero de entender o que leem. Se continuarem a fazê-lo até a última hora da vida, não se arrependerão. A falta de leitura habitual da Sagrada Escritura por pessoas que professam ser cristãs é muito lamentável. Se você confiar em si mesmo para ler a Palavra apenas quando lhe for conveniente, muitas vezes acontecerá que vários dias passarão sem que uma passagem da Escritura tenha sido lida; contudo se você fizer questão de que uma determinada hora deve ser separada para a leitura de um capítulo e mantê-la, será bom para você. É claro que o hábito de separar qualquer horário não é obrigatório. Nenhum de nós pode dizer a seu irmão: "Você deve ler as Escrituras em tal hora", pois não estamos sob a escravidão da Lei, nem devemos julgar nossos irmãos; mas, embora não seja obrigatório, acredito que seja muito proveitoso e uma coisa tão apropriada quanto designar horários regulares para as refeições. Assim como o hábito de ter um tempo para orar é bom, também é bom o hábito de ler as Escrituras. No entanto, é uma prática perniciosa ler muito da Bíblia sem tempo para pensar, pois adula nossa vaidade sem beneficiar nosso entendimento. A prática de sempre ler a Bíblia em fragmentos também deve ser reprovada. Recomendo ao estudante das Escrituras que leia todo um livro cuidadosamente. Assim como no caso de um poema, não podemos obter o espírito e o sentido do poeta lendo uma estrofe aqui e ali, da mesma forma não se pode esperar descobrir o sentido do ensino bíblico lendo um ou dois versículos aqui e ali. A Bíblia é dividida em muitos livros, e eu recomendaria a todos vocês que lessem um livro inteiro, com cuidado e oração, e fizessem uma leitura geral e captassem a ideia do autor, e assim se esforçassem para perceber a mente de Deus. Mas, ao mesmo tempo, lembre-se de que, como qualquer outro livro precioso, a Bíblia precisa de leitura diligente e fervorosa. Tocar de leve a superfície é de pouca utilidade. Alguns percorrem a Bíblia da mesma forma que um viajante pode ser levado por um país em um vagão de trem: ele saberá muito pouco sobre esse país, embora possa atravessá-lo de ponta a ponta. Ele só vê um pouco pela janela, e as conclusões a que pode chegar serão muito ruins e totalmente duvidosas; e percorrer um capítulo das Escrituras, por assim dizer, na velocidade de um trem, é de pouca ou nenhuma utilidade para a mente. Lembro-me de um irmão arminiano[4] dizer-me uma vez que ele havia lido as Escrituras umas vinte ou mais vezes, e nunca conseguira achar a doutrina da eleição[5] nelas. Ele acrescentou que tinha certeza de que a teria achado se estivesse lá, pois leu de joelhos em oração. Eu lhe disse: "Acho que você as leu em uma posição muito desconfortável e, se as tivesse lido em sua poltrona, teria mais chances de entendê-las". Com certeza se deve orar, e quanto mais melhor; mas é uma superstição pensar que há algo de especial na posição em que alguém se coloca na leitura da Bíblia; e quanto a lê-la vinte vezes sem ter achado nada sobre a doutrina da eleição, eu disse: "O que é surpreendente é que você achou alguma coisa: você deve ter percorrido as Escrituras em tal velocidade que provavelmente não teria nenhuma ideia compreensível do que seria o significado delas". Se apenas uma vez na vida desse homem ele tivesse

---

[4] O arminianismo é uma escola de pensamento sobre a salvação cristã que postula que Deus não sobrepõe sua vontade à do ser humano. Assim, Deus não escolhe quem vai ser salvo, mas cabe ao ser humano escolher pela fé a salvação oferecida por Deus.

[5] Spurgeon acreditava na doutrina calvinista da salvação, que postula o contrário da arminiana: Deus escolhe aqueles que devem ser salvos, não cabendo ao ser humano fazer a escolha, mas apenas aceitá-la pela fé.

pegado as Escrituras e realmente desejasse saber seu significado, e as tivesse ponderado com cuidado e as estudado versículo por versículo e palavra por palavra, acho que ele teria muito mais probabilidade de descobrir qual era o significado verdadeiro das palavras que o Espírito Santo usou.

Voltando ao nosso assunto, queremos mais leitura da Bíblia. Esta noite não falarei sobre aqueles que desperdiçam seu tempo lendo obras de ficção, embora existam inúmeras hordas de livros destruidores de tempo que saem da imprensa — mas temo que mesmo nossa literatura religiosa, a melhor delas, em certa medida manteve as pessoas longe da própria Palavra de Deus. Eu gostaria de ver todos os bons livros queimados, assim como os maus livros de Éfeso, se eles impedirem que as pessoas leiam a Sagrada Escritura para si mesmas. Aqui está o manancial do mais puro evangelho imaculado: brota neste precioso livro com frescor e doçura inigualáveis. Nós que escrevemos sobre ele, distribuímos a mesma água fresca para vocês em nossos próprios copos e taças, mas até certo ponto todos os nossos recipientes estão contaminados. Existe no mais puro intelecto alguma medida de erro; e a água viva que distribuímos ao povo, em alguma medida, partilha de nossa imperfeição. Não se contentem em beber dos nossos jarros e dos nossos cálices, mas venham e ponham os seus lábios onde a água viva, com toda a plenitude autossuficiente das profundezas eternas, brota do próprio coração de Deus. Essa é a maneira de achar a palavra: lê-la por vocês mesmos, lê-la na Bíblia. Se você puder lê-la nos livros originais, melhor ainda; mas se não puder, seja grato por ter uma tradução tão boa quanto a que pode ser encontrada na casa de todo cristão. Certifique-se de lê-la até poder dizer: "Achadas [foram] as tuas palavras".

Não basta apenas ler a Palavra de Deus, precisamos compreendê-la. As palavras da Escritura são melhores do que quaisquer outras palavras tão somente porque elas contêm um sentido mais elevado e nobre. É superstição pensar que um texto seja superior porque está na Bíblia em vez de em qualquer outro lugar — quero dizer as palavras do texto, o mero som delas. No entanto, conheço muitos que, quando acabam de repetir um texto da Escritura ou ler um texto dela, pensam que algo de bom foi feito. Ora, querido amigo, você precisa obter o significado, o sentido profundo. As nozes devem ser quebradas, assim como as Escrituras — você deve extrair o significado ou não terá nada. Quem consegue se alimentar do tutano do osso? Quebre o osso, retire o tutano e então você terá uma comida saborosa. Meras expressões verbais, embora sejam as expressões do Espírito Santo, não podem alimentar a alma. É o significado profundo, a verdade que é revelada, que devemos buscar com esforço. Frequentemente as pessoas se apegam à letra e não avançam para a alma da verdade divina. Orem, queridos amigos, ao lerem as Escrituras, para que Deus os ilumine; peço que vocês não leiam envolto em trevas como muitos fazem, e, assim, tropeçam nas palavras em desobediência. O melhor intérprete de um livro geralmente é aquele que o escreveu. O Espírito Santo escreveu as Escrituras. Vá até Ele para obter o significado delas e vocês não serão enganados. Oh, quando chegará o tempo em que todo cristão dirá: "Pela graça de Deus, leio a Escritura e sou capacitado pelo Espírito Santo a observá-la, aprendê-la e entendê-la. Eu me esforço sinceramente para saber o que Deus quer dizer com o que ele falou, tanto quanto o intelecto humano pode entender seu significado".

Achar a Palavra de Deus, entretanto, significa mais do que isso. Acho que significa, às vezes, a descoberta de palavras selecionadas e apropriadas ao nosso caso. "Achadas [foram] as tuas palavras." Sabe quando você perde a chave e seu armário ou sua gaveta não podem ser abertos e você chama um chaveiro e ele vem com um molho de chaves? Primeiro ele tenta uma — que não se encaixa; então ele tenta outra — que não dará jeito; e aquela pessoa persevera, talvez com vinte chaves, talvez com cinquenta. Por fim, ela consegue a chave adequada, que abre a fechadura e abre para você aquilo que lhe é valioso. Ora, a Escritura para nós é muito parecida. Temos muitas promessas no tempo de angústia, e é uma grande bênção encontrar a promessa que se adéqua ao nosso caso. Nós reviramos de um lado para o outro procurando e dizemos: "Bem, esta é uma promessa preciosa, mas eu não estou exatamente nessa condição. Esta outra é uma palavra excelente, mas acho que não posso tomá-la para mim. E, de novo, esta terceira passagem é muito motivadora, mas evidentemente não se dirige a uma pessoa na minha posição". Por fim, você encontra uma e diz: "Ah, esta é a palavra dita a uma pessoa como eu, com minha condição de alma. Meu Deus, agora aplica isso ao meu coração com poder e faz com que essa verdade seja reconfortante e animadora para minha alma. Tuas palavras foram achadas. Achei a expressão divina que enfaticamente me pertence." E realmente, queridos irmãos, se desejamos achar uma palavra de Deus que nos sirva, nunca precisaremos demorar muito na busca, se buscarmos orientação sagrada. Talvez tenhamos chegado a um ponto na vida no qual duas estradas se encontram, e nenhuma delas parece divergir do caminho reto, e ainda assim sentimos de modo sério que em um momento podemos mudar todo o curso de nossas vidas de paz para tristeza por cometer um erro. Ajoelhem-se na encruzilhada e clamem: "Senhor, conduze-me", e então vão à Bíblia e peçam que a orientação adequada para esta situação possa ser indicada pela palavra escrita; e vocês frequentemente acharão um texto saltando das Escrituras para vocês, apoderando-se de sua alma com violência amorosa e atraindo-os para o caminho designado. Não quero dizer com isso a prática inútil e perversa de abrir textos como uma espécie de loteria, mas uma questão muito mais elevada e espiritual. O Espírito Santo ainda permanece conosco, e é o Urim e Tumim[6] da Igreja cristã, assim como a Providência é a coluna de nuvem e fogo. "'Achadas [foram] as tuas palavras' — eu fui a ti e ao teu Livro para achá-las para que eu pudesse ser guiado e confortado por elas, e fui guiado ao texto e pelo texto apropriado para a ocasião."

Por sua vez, em oposição ou aposição a essa observação, deixe-me dizer que me parece que Jeremias não fez nenhuma seleção em qualquer outro sentido: "'Achadas as tuas palavras'. Eram tuas palavras, cada uma delas, e eu as comi. Não importa quais fossem as palavras — fossem elas palavras amargas, eu as comi: elas foram meu remédio; fossem elas palavras doces, eu as comi: elas foram meu consolo; fossem elas palavras de instrução, eu as comi: elas foram o meu pão diário. Não encontrei falta na verdade doutrinária, pois a achei em tuas palavras. Por outro lado, fossem elas palavras de

---

[6] Pedras usadas no antigo Israel por meio das quais Deus revelava sua vontade aos consulentes.

mandamentos, eu não diria: 'Não quero ser legalista; eu odeio até mesmo a palavra 'obrigação''. Não, mas quando achei tuas palavras, se eram palavras de mandamentos, eu as comi. Houve algumas de tuas palavras que me pareciam pesadas, e elas me ameaçaram, me repreenderam, me humilharam, estragaram minha beleza, me colocaram no pó; mas essas mesmas palavras eu amei, porque senti que 'fiéis são as feridas feitas pelo que ama'. Desnudei meu peito para esses bisturis. Pedi ao bom médico que usasse esses textos precisos comigo". Ora, este deve ser nosso espírito constante: procurar o texto apropriado para a ocasião e, ainda assim, desejar que qualquer Escritura e toda Escritura tenham seu devido efeito em nossas almas. Cuidado ao fazer escolhas na Palavra de Deus. É um sintoma muito perigoso quando há qualquer parte da Escritura que temos medo de ler. Se há um único capítulo na Bíblia de que não gosto, deve ser porque sinto que ele me acusa e me condena, e meu dever deve ser enfrentar esse capítulo imediatamente e responder à sua acusação, e esforçar-me tanto quanto possível para me purificar, com a ajuda de Deus, daquilo que a passagem da Escritura condena. Irmãos, leiam a passagem que mais os incomoda. Quando vou visitar os idosos ou doentes, geralmente sei onde a Bíblia estará marcada com orelhas nas páginas, com marcas de dedo e gasta. É claro que um dos capítulos favoritos é o "Não se turbe o vosso coração" e outro é — o capítulo oito de Romanos — "E sabemos que todas as coisas contribuem juntamente para o bem daqueles que amam a Deus"; e claro, eles certamente lerão repetidamente o precioso livro dos Salmos. Temos certeza de que os santos irmãos fizeram isso. E não posso culpá-los; acho que muitos dos santos mais maduros não teriam adquirido o hábito se fosse errado; mas, ao mesmo tempo, rogo a todos vocês que não tenham medo de ler, nem hesitem em ler, nem sejam lentos para ler partes que não são confortáveis, como passagens cheias de repreensão, pois todos nós queremos repreensão e precisamos dela continuamente, e assim que encontramos a palavra de Deus, quer gostemos quer não no momento, ela é nossa para recebê-la e nos alimentar dela pela graciosa ajuda de Deus.

"Achadas as tuas palavras"; isto é, "senti que as possuía; sabia que as tinha; eu as havia descoberto — elas eram as tuas palavras para o íntimo da minha alma". Você sabia que há um hábito surgindo nestes tempos quando uma passagem da Escritura é citada, que é colocar o nome do autor no final, como, por exemplo, Isaías, Paulo ou Cristo? Ora, eu acho que o hábito é bastante absurdo, pois no momento em que se lê um versículo da Escritura, não se quer saber quem o escreveu; tem-se certeza de que é um texto bíblico. Quando alguém cita um texto da Escritura e coloca o nome de Cristo no final, sente-se que é supérfluo. Conhecemos as palavras de Cristo: há uma sonoridade particular nelas, há algo excelente nelas que não pode ser imitado pelas declarações de outras pessoas. Assim é com toda a Palavra de Deus — percebemos por instinto que as palavras são do próprio Senhor. Talvez não pudéssemos dizer aos outros porque sabemos; mas há uma imponência peculiar, uma plenitude notável, uma potência singular, uma doçura divina, em qualquer palavra de Deus, que não pode ser detectável, nem nada parecido, na palavra do ser humano, exceto se a própria palavra do ser humano for extraída diretamente da Palavra de Deus. Então, ouvimos falar de alguns que tentam tirar de nós a Palavra de Deus. "Este livro não é inspirado", dizem eles, e "Aquele livro não é autêntico — não há consenso sobre este capítulo"; e, quanto a tudo isso, a elite acadêmica dos dias de hoje nos diz que pode haver um tipo de inspiração nela, e assim por diante. Bem, cavalheiros, a Bíblia será para vocês o que quiserem; vocês devem tratá-la como quiserem e devem considerá-la como um mero livro corriqueiro, se quiserem; mas saibam que para nós é o ensinamento inspirado de Deus, infalível e infinitamente puro. Nós a aceitamos como a própria palavra do Deus vivo, cada jota e til dela, nem tanto porque existem evidências externas que mostram sua autenticidade — muitos de nós não sabem nada sobre essas evidências e provavelmente nunca saberão —, mas porque discernimos uma evidência interna nas próprias palavras. Elas vieram até nós com um poder que nenhuma outra palavra jamais teve em si mesma, e não podemos ser dissuadidos de nossa convicção da sua excelência superlativa e autoridade divina. Achamos as palavras de nosso Pai celestial: sabemos que as achamos, pois os filhos conhecem a voz de seus próprios pais. Quando falamos a verdade de Deus, falamos o que sabemos, o que experimentamos, manuseamos, testamos e provamos.

Queridos irmãos, demorei-me bastante nesta primeira e mais importante questão de achar a Palavra de Deus, e direi o porquê. Eu me demorei tanto nisso porque é exatamente isso que é o segredo da vida cristã completa em todas as suas áreas. Jeremias não teria sido um pregador tão ousado se não tivesse achado a Palavra de Deus. Se você mantiver a palavra de Deus de modo fraco, se for um leitor desatento, se for um cristão superficial, se tiver opiniões fracas sobre a autoridade da revelação divina, será negligente em tudo o mais, será fraco em sua obediência ao mandamento, no amor à doutrina e na esperança na promessa. É lógico que se a palavra de Deus não for a palavra de Deus para você, ela não o confortará na mesma medida que fez com Jeremias, nem você a obedecerá com a mesma reverência ou a ensinará com a mesma perseverança. Se você não atribuir reverência, divindade e inspiração à palavra de Deus, ela não lhe renderá a força e o poder que deveria produzir, e toda a sua vida sofrerá a partir disso.

Somente até aqui sobre o achar da palavra de Deus. Uma segunda visão da vida interior deve agora ser considerada. "Achadas as tuas palavras, logo as comi." A maneira mais segura de preservar a verdade de Deus é colocá-la no porta-joias da alma, encerrá-la no seu interior. "Logo as comi." Essas palavras atribuem, primeiro, grande valor à palavra de Deus. Quando Jeremias recebeu uma sentença que ele sabia que vinha da boca de Deus, ele a valorizou, ele a amou tanto que a comeu; ele não podia deixá-la de lado; ele não apenas pensou nela; ele a amou tanto que a colocou em si mesmo. Oh, quando obtivermos a verdade de Deus, não vamos amá-la tão pouco a ponto de engavetá-la, dizendo: "Eu a aceito formalmente como pertencente aos Artigos de fé da igreja da qual sou membro", mas vamos valorizá-la de modo que podemos dizer: "Devo carregá-la comigo; não, mais do que isso, devo carregá-lo em mim, pois ela é comida e bebida para mim". "Logo as comi."

O termo comer implica, além disso, que ele se nutria dela. A comida que comemos, se for própria para comer, nos nutre e sustenta. Assim, quando alguém lê a Palavra de Deus como deve fazer, se alimenta dela e encontra nela algo que o torna uma pessoa melhor, uma pessoa mais forte, mais ousada no serviço santo e mais paciente na submissão à vontade de Deus. É delicioso sentar e sugar a alma de um texto, pegá-lo e sentir que não apenas a letra, mas também os elementos vitais internos do texto são nossos, e devem ser recebidos na própria natureza de nosso espírito para serem assimilados nele. Muitas pessoas insensatas, quando vêm à mesa do Senhor, imaginam que ao comer o pão e beber o vinho há algum comer da carne e beber do sangue de Cristo de maneira corpórea; mas aqueles que entendem os mistérios sabem que comer a carne de Cristo significa considerar, meditar e alimentar-se da verdade de que Cristo encarnou, era de nossa natureza e ainda participa da natureza do ser humano. A humanidade de Cristo torna-se alimento para as nossas almas, e esse é o significado de comer a sua carne. Assim, quando bebemos o vinho, a expiação, os sofrimentos de Cristo são pensados, pesados e considerados; e estes se tornam alimento para nossa fé, nossa gratidão, nosso amor, nossa confiança e santidade. Assim, também, com toda verdade, devemos nos alimentar da palavra de Deus — não devemos apenas aceitar a afirmação como verdadeira, mas devemos extrair dela o alimento para o nosso ser interior que Deus pretendia que ela transmitisse. "Achadas as tuas palavras, logo as comi." É uma coisa muito diferente de dizer: "Achadas as tuas palavras, logo as admirei", ou "Achadas as tuas palavras, logo as critiquei", ou "Achadas as tuas palavras, logo as dividi e fiz um sermão". Essa é a tentação de um ministro. Mas "Achadas as tuas palavras, logo as comi". Eu disse à minha alma: "Aqui está algo para torná-la melhor, para torná-la mais semelhante a Cristo, algo para ajudá-la em sua luta contra o pecado". Irmãos, vamos usar a palavra para esse propósito. Com a ajuda do abençoado Espírito de Deus, vamos comê-la como nosso alimento diário, o pão e o sal, o vinho e a água da nossa vida.

Mas a figura de comer significa mais, estabelece uma união íntima. Aquilo que alguém come se confunde com seu próprio eu, sua própria personalidade. O corpo é construído a partir dos elementos que são recebidos na forma de alimentos. Assim, a pessoa, a pessoa real, a alma, é feita da verdade pela qual ela vive. Alguns se alimentam do erro, e toda a sua humanidade, sua esperança, sua confiança são construídas de erro, e sua religião é enganosa por inteiro; mas aquele que se alimenta da palavra de Deus consegue que ela seja parte de si mesmo, e sua fé e esperança são baseadas na verdade. Às vezes, ouço falar de alguém que abandonou certa doutrina. Bem, estou certo de que se alguém abandonou alguma doutrina da Palavra de Deus, ele nunca a conheceu, pois aquele que conhece a verdade de Deus sabe que ela tem um poder aderente e não será separada de nós. O cristão diligente, quando conhece a Palavra, aprende-a tão bem que a assimila em seu próprio ser. Deixe-me ilustrar isso com um fato que é notável em um sentido inferior em certas persuasões naturais. Quando Galileu se convenceu de que o mundo se movia, foi colocado na prisão por isso, e em sua fraqueza ele se retratou, e disse que acreditava que o mundo era imóvel e que o sol se movia, mas no momento em que ele se afastou de seus perseguidores, ele bateu o pé, e disse: "No entanto, ela se move". E assim, aquele que conhece a verdade como é, em Jesus tem uma persuasão ainda maior do que aquela que dominou Galileu. Ele não pode desmentir a verdade: ele a tem dentro de si de modo que não pode renunciá-la. Cavalheiros, se vocês podem fugir de Cristo, ainda não se tornaram seus discípulos. Se vocês podem deixá-lo, vocês nunca o conheceram. Se vocês podem negar a verdade e abandoná-la totalmente, nunca a conheceram de maneira salvífica; mas aquele que pode dizer: "Achadas as tuas palavras, logo as comi", pode confrontar o inimigo e, quando seu inimigo gritar:

"Abandone-a!", sua resposta será: "Como posso abandoná-la? Eu a comi". Vocês se lembram do servo fiel que foi enviado por seu mestre com um diamante muito valioso e que, quando foi atacado na estrada, engoliu o diamante? Bem, mas mesmo assim poderia ter sido tirado dele se os ladrões o tivessem matado; mas se o diamante fosse de tal natureza que o homem, ao comê-lo, pudesse digeri-lo e assimilá-lo em si mesmo, todos os ladrões que o atacaram não poderiam tirar dele o que ele havia comido. E assim, quando uma alma se alimenta da preciosa verdade de Deus, todos os demônios do inferno multiplicados cinquenta mil vezes não poderiam tirar a verdade dela. É muito importante, por essa mesma razão, que tenhamos tal domínio da verdade que seja, por assim dizer, cauterizada em nossas almas, entrelaçada na urdidura e na trama de nosso próprio ser, para correr como um fio de prata através de toda nossa a existência, para que se possa despedaçar e destruir essa existência antes que ela pudesse destruir a verdade que está incrustada nela. "Achadas as tuas palavras, logo as comi."

Veja aqui, então, meus amados, o poder secreto que sustentará a vida de um cristão — comer a Palavra de Deus, inserindo-a completamente na alma. É isso que o fará falar e agir como um cristão. Há muitos erros e pecados em muitos cristãos, e muitos deles tentam corrigir o erro e remover o pecado, e se saem bem; mas você nunca ouviu um médico dizer, quando uma pessoa foi coberta por alguma erupção cutânea: "Não vou lidar com essas erupções; não aplicarei pomada. Elas são causadas pela fraqueza do sangue do paciente. Vou recomendar-lhe uma dieta abundante; darei a ele um remédio fortalecedor que revigorará o organismo, e essas manchas desaparecerão como consequência natural". Tenha certeza de que muitas das faltas que devem ser condenadas nos cristãos são o resultado de não se apoiarem na Palavra de Deus, de não a conhecerem como um todo, especialmente suas partes mais fortes, como deveriam; e se eles viessem a achar a palavra de Deus e comê-la, sua constituição espiritual seria mais forte e então eles se livrariam de muitas das doenças que agora lhes são prejudiciais e se tornariam saudáveis, vigorosos e poderosos no serviço de Deus.

Observem, então, o terceiro vislumbre da vida interior. "Achadas as tuas palavras, logo as comi; as tuas palavras me foram gozo e alegria para o coração." Nada deixa uma pessoa mais feliz do que a palavra de Deus. Nada a deixa mais cheia de deleite e paz na alma do que alimentar-se da palavra. "Gozo e alegria para o coração." Eu preguei o evangelho em certa ocasião em determinada igreja, e preguei a doutrina da perseverança final dos santos,[7] e o ministro não acreditou nela. No entanto, muitos de seu povo que ouviram a doutrina e nunca teriam crido nela se eu tivesse mencionado as palavras "perseverança final", absorveram-na e ficaram tão felizes que o ministro declarou que eu havia feito um enorme estrago com ela, pois eles passaram a acreditar que as boas almas jamais desistiriam da doutrina! Realmente, quando a palavra de Deus vem com o poder que faz você se regozijar e se alegrar nela, seu deleite interior se torna para o seu coração a principal razão para segurá-la com firmeza. Eu desistiria alegremente de muitas doutrinas se cresse que elas são apenas máximas sectárias e meramente

---

[7] A perseverança dos santos é a doutrina que afirma que os eleitos continuarão no caminho da salvação, pois o mesmo Deus que os salvou os preservará e os santificará até o fim da vida, já que a salvação, do começo ao fim, depende exclusivamente do poder de Deus.

empregadas para a manutenção de uma seita; mas aquelas doutrinas da graça, aquelas preciosas doutrinas da graça, contra as quais tantos lutam, eu não poderia nem um pouco renunciá-las ou rebatê-las, porque elas são gozo e alegria para o coração. Quando alguém está cheio de saúde e vigor, e tudo está indo bem, pode, talvez, viver confortavelmente nas verdades elementares do cristianismo; mas em tempos de forte pressão de espírito, quando a alma está muito abatida, você quer o tutano e a gordura. Em tempos de conflito interno, a salvação deve ser toda pela graça do começo ao fim; então não deve ser de acordo com a vontade da carne, mas de acordo com a vontade de Deus; então você deseja uma aliança eterna ordenada em todas as coisas e certamente "as santas e fiéis promessas feitas a Davi" (Atos 17:34); é aí que você passa a entender como essas verdades gloriosas que foram chamadas calvinistas, mas que são realmente a verdade da própria Palavra de Deus, são muito valorizadas pelos cristãos antigos e de maior entendimento. Os santos mais antigos e provados, tendo os sentidos exercitados para discernir o bem e o mal, chegaram também a um período da vida em que precisam de consolo, a um tempo em que a experiência profunda exige um sustento sólido e, portanto, eles recorrem às eternas verdades e alegram-se nelas. Amados, que vocês conheçam cada verdade da Palavra de Deus, alegrando-se nela: que vocês conheçam seu poder para consolá-los e elevá-los no tempo de angústia, pois, quando você conhece a alegria que flui da verdade para o coração regenerado, você dirá:

> Se todos os ardis que os homens inventam
> Atacarem minha fé como por traição,

Vou chamá-los todos de vaidades e mentiras,
E atar o evangelho ao meu coração.

Estas três coisas são o segredo de uma vida espiritual consistente: achar a Palavra de Deus, comê-la e alegra-se nela.

II

Agora, muito brevemente, descreveremos O CRISTÃO EM SUA VIDA EXTERIOR, como ele é mencionado aqui: "Pelo teu nome sou chamado, ó SENHOR, Deus dos Exércitos". Assim, acredito que essas palavras podem ser usadas de três maneiras:

Primeiro, a condição de Jeremias era aquela que ele havia alcançado por sua conduta. Ele estava pregando tão continuamente sobre o Senhor, insistindo tão constantemente na vontade do Senhor e anunciando a mensagem do Senhor que chegaram a chamá-lo de "homem do Senhor", e ele era conhecido pelo nome do Senhor. Agora, o homem que ama a Palavra de Deus, alimenta-se dela e alegra-se nela, agirá de tal forma que será chamado de cristão. Ele não apenas será assim, mas será chamado assim. As pessoas saberão que ele esteve com Jesus. Se elas não lhe derem o nome no sentido de honrá-lo, elas o darão como um apelido, mas com certeza o chamarão em seus corações pelo menos por esse título. Um estimado missionário da cidade, que durante anos frequentou tabernas para pregar o evangelho ali, era conhecido como "o homem com o Livro", porque sempre carregava sua Bíblia consigo. Oh, eu gostaria que muitos de nós fôssemos conhecidos como "as pessoas com o Livro". Entre os não cristãos tem acontecido frequentemente que missionários sinceros são conhecidos como "pessoas de Jesus Cristo", ou os não cristãos dizem: "Lá vem o homem ou mulher de Deus". Não esperamos que eles nos deem esse título de ouvir falar, mas oro sinceramente para que cada um de nós o possua de uma forma ou de outra. Vocês sabem que geralmente o mundo escolhe algum líder religioso e então eles abusam daqueles que o ouvem, chamando-os pelo nome. Eles não precisam ficar vermelhos de vergonha com isso, visto que muitas vezes é apenas a maneira de o mundo reconhecer que eles são cristãos — eles reconhecem que são os seguidores do que é certo e verdadeiro. Anos atrás, quando alguém falava das coisas de Deus com grande emoção, a ponto de estremecer com santo tremor, eles o chamavam de *quaker*[8]. Era apenas uma forma de reconhecer que um poder que o mundo não entendia estava influenciando aquela pessoa. E quando outras pessoas eram metódicas e precisas em suas vidas, eles as chamavam de "metodistas" — pessoas que viviam de acordo com métodos e regras. Eles não precisavam ter vergonha disso, e não tinham. Era apenas outra maneira de o mundo apontá-los e dizer: "Estes são o povo de Deus". Eles pensaram que era uma zombaria e pretendiam que fosse uma zombaria, mas foi uma honra. Ser chamado de "homem de Deus" era uma honra para Jeremias; e ser chamado por qualquer um desses apelidos, que significam que pertencemos a Deus, é uma honra a qual aspirar e da qual não se arrepender. Que

---

[8] A palavra inglesa *quaker* (aportuguesada como quacre) quer dizer "aquele que treme" e designa alguns grupos cristãos puritanos britânicos que surgiram no século XVII e se chamam Sociedade dos Amigos. No começo, alguns deles, ao pregar, eram tomados pelo poder do Espírito Santo e tremiam.

todos possamos ganhar algum nome injurioso e usá-lo como nosso título da cavalaria sagrada.

Mas esse é um nome, em segundo lugar, que está envolvido na profissão de fé de todo cristão. "Pelo teu nome sou chamado, ó SENHOR, Deus dos Exércitos." Claro que você é assim chamado, se sua profissão de fé for verdadeira. Você foi batizado em nome do Pai, e do Filho, e do Espírito Santo, e você ali mesmo aceitou aquele nome. Você é um crente em Cristo e, portanto, é corretamente chamado de cristão. Você não pode escapar disso. Por ser um crente no nome de Cristo, você tem o nome de Cristo sobre si. Oh, amigo, considere quais são suas obrigações! Havia um soldado no exército macedônio que se chamava Alexandre — um covarde; e ele foi chamado perante o rei,[9] que lhe perguntou:

— Qual é o seu nome?

Ele disse:

— Alexandre.

Então, disse o rei:

—Você deve deixar de ter esse nome, ou você deve parar de ser um covarde.

Do mesmo modo, chamamos diante de nós aqueles que são cristãos e dizemos: "Qual é o seu nome?". Você é chamado pelo nome de Cristo; portanto, você deve deixar de ser ganancioso, deve deixar de ser esquentado, mundano, preguiçoso, lascivo, ou então você deve deixar de ter o nome de Cristo, pois não podemos ter o nome de Cristo desonrado mais do que Alexandre teria seu nome desonrado.

---

[9] O soldado macedônio era homônimo do rei Alexandre III da Macedônia (o Grande) (356 a.C.-326 a.C.), com quem travou o suposto diálogo. Alexandre, o Grande, foi um dos maiores conquistadores da história.

Você estava cuspindo fogo agora mesmo contra aquela pessoa que o irritou. Suponha que eu entrasse naquele momento e dissesse: "Você é chamado pelo nome de Cristo!", seu rosto teria ficado vermelho de vergonha! Talvez hoje você estivesse conversando sobre as coisas mais inúteis com pessoas fúteis, e supondo que alguém a quem você respeitasse e amasse colocasse a mão sobre você e sussurrasse: "O quê? Você é um cristão e fala desse jeito?" Como você teria se sentido? Oh, que sempre nos lembremos de que somos cristãos e, portanto, devemos sempre agir de acordo com o nome que está sobre nós. Que Deus constranja vocês, amigos, no poder de comer a palavra de Deus, a agir sempre como convém àqueles sobre os quais o nome de Cristo é posto.

Mais uma vez, essa palavra pode ser usada no sentido que surge do próprio evangelho. "Pelo teu nome sou chamado, ó Senhor, Deus dos Exércitos: eu pertenço a ti. Quando as nações se reunirem e disserem: 'Esta pessoa pertence à Babilônia, aquela à Assíria e aquela ao Egito', direi: 'eu pertenço a ti e sou chamado pelo teu nome, ó Senhor Deus dos Exércitos'". Que consolo é isto: nós que cremos em Cristo pertencemos a Deus. Nós somos a porção dele, e Ele nunca nos perderá. "E eles serão meus, diz o Senhor dos Exércitos, naquele dia que farei, serão para mim particular tesouro." Vemos uma placa colocada aqui e ali apontando uma propriedade real — uma propriedade do governo —, então, lembremos que temos uma placa do Rei dos reis apontada sobre nós como crentes em Cristo. O Senhor cuidará de nós porque seu nome está sobre nós, e pertencemos a Ele. "Não sois de vós mesmos. Porque fostes comprados por preço." "Porque tudo é vosso [...] e vós, de Cristo, e Cristo, de Deus." Você é pobre: mas você é de Cristo. Isso não ameniza sua pobreza? Você está doente: mas você é de Deus. Isso não o conforta? O pobre cordeiro está no campo frio, mas, se pertencer a um bom pastor, não morrerá. A ovelha está doente ou se desgarrou; mas, se pertencer a um Pastor onipotente, será curada e trazida de volta. O nome de Cristo sendo colocado sobre nós é a garantia de nosso conforto presente e de nossa segurança futura.

Oh, irmãos, volto ao ponto com o qual comecei: ache a Palavra de Deus, coma a Palavra de Deus, alegre-se na Palavra de Deus; e então vá e viva como aqueles que estão vivos dentre os mortos, que não usam o nome do primeiro Adão agora, mas o nome do segundo Adão; que não são mais conhecidos como servos do pecado, mas conhecidos como os servos — os filhos — de Deus, para todo o sempre. Deus abençoe vocês, e, se vocês não creem, que sejam levados a confiar em Jesus crucificado nesta mesma noite, para que possam ser chamados pelo seu nome. Oramos assim por causa de seu nome. Amém!

2

SERVINDO AO SENHOR

Servindo ao Senhor.
ROMANOS 12:11

A HARMONIA das Escrituras é admirável. Tudo é proporcional e equilibrado. Aquele que pesou as montanhas em balanças teve um olhar claro para o ajuste da verdade em sua Palavra. Nas páginas das Escrituras, você encontra doutrina suficiente, pois é a base da prática; você lê abundância de promessas, pois é a sustentação da perseverança; mas você também encontra com frequência preceitos, pois é o estímulo e o guia da santidade. Não poderíamos nos dar ao luxo de dispensar um versículo da Sagrada Escritura. A remoção de um único texto, como o apagamento de uma linha de um grande épico, prejudicaria a completude e a conexão do todo. Arrancar uma joia do peitoral do sumo sacerdote (Êxodo 28:15-30) é como apagar uma linha de revelação. Absolutamente perfeitas são as proporções da verdade inspirada, e é digno de nota que a verdade prática tem o maior destaque. Foi observado por um teólogo competente que, para cada exortação que temos no Novo Testamento para orar, temos cinco mandamentos para trabalhar ou doar. Embora a parte doutrinária das Escrituras seja extremamente completa, a parte prática não é nem um pouco menos abundante e, de fato, a proporção que no ministério de Cristo foi dada à instrução na vida de santidade prática é muito maior do que a parcela atribuída a ela na maioria dos ministérios modernos. Deus nos deu nas Escrituras algo a respeito de todas as coisas necessárias, mas acima de tudo sobre o mais necessário, ou seja, uma vida santa. Como o Senhor distribui, devemos receber. Não devemos negligenciar o conhecimento das doutrinas da graça, devemos nos alimentar diligentemente das promessas, mas também devemos, com carinho e reverência, observar os preceitos.

No versículo diante de nós, essa mesma harmonia é digna de nota. "Não sejais vagarosos no cuidado [com os afazeres]: sede fervorosos no espírito, servindo ao Senhor." Não somos chamados a esquecer os deveres comuns de nosso chamado; não devemos negligenciar a loja em favor da igreja, ou o escritório de contabilidade pela escola dominical. As pernas de um tolo pendem bambas, mas a santidade de um cristão deve estar sempre bem firme. Qualquer que seja nossa função na vida, devemos ordenar nossa conduta de modo a sermos reconhecidos pela diligência e retidão, tanto pela Igreja como pelo mundo. O cristão não deve ser um comerciante pior por causa de sua religião, mas melhor; ele não deve ser um mecânico menos habilidoso, mas deve ser ainda mais cuidadoso em seu trabalho. Seria realmente uma pena se as tendas de Paulo fossem as piores da loja, e a púrpura de Lídia, a pior tintura. Ao mesmo tempo, observe como a próxima sentença chama nossa atenção igualmente para o assunto mais elevado e mais espiritual: "fervorosos no espírito". Não devemos negligenciar o espiritual por causa das demandas urgentes do material. Talvez estejamos mais propensos a esquecer esse preceito do que o anterior, portanto, vamos ponderar mais sobre ele. Devemos manter o fogo santo dentro de nossas almas ardendo constantemente, pois esse é o significado de "fervoroso". Nosso amor a Deus não deve existir apenas em um pequeno grau, mas deve existir como uma chama vigorosa. Nosso espírito deve ser mantido calorosamente zeloso, ardentemente afetuoso. Nossa natureza espiritual deve brilhar como brasas de fogo. A pedra angular do arco da vida é ter um anseio pela glória de Deus; nesse ponto, o público e o privado, o corporal e o espiritual devem ser um; tanto no cuidado com os afazeres quanto no fervor espiritual, devemos colocar o Senhor sempre diante de nós. Nosso trabalho diário deve ser consagrado ao sacrifício sacerdotal, nosso fervor interior deve ser como o incenso do templo e, assim, sendo nossos corpos templos do Espírito Santo, devemos sempre permanecer "servindo ao Senhor".

Meu objetivo neste sermão é chamar meus irmãos cristãos a cumprir em suas vidas o significado das palavras que agora selecionamos como nosso texto: "servindo ao Senhor", ou como pode ser traduzido, "fazendo o papel de servos para com Deus". Atuando como servos, esperando como servos no Altíssimo.

I

Primeiro devo observar OS ELEMENTOS ESSENCIAIS DE TODO O VERDADEIRO SERVIÇO A DEUS.

Ninguém deixará de ver que o primeiro elemento essencial deve ser que aquele que prestará serviço seja previamente aceito como servo. Se um estranho visitasse sua fazenda por conta própria e começasse a conduzir os cavalos, ordenhar as vacas, colher o trigo e assim por diante, se você nunca o tivesse empregado, ele estaria desempenhando o papel de um intruso e não a atividade de um servo. Agora, não é toda pessoa que está apta para ser um servo de Deus; de fato, em nossa condição caída, nenhum de nós pode ser recebido em sua casa, mesmo como empregados contratados. Como o Deus triplamente santo deve ser servido por mãos não lavadas do pecado? Os leprosos não podem ficar em seu altar, ou os que possuem uma deformidade não habitam dentro de seus portões. A pessoa não regenerada não pode servir a Deus, seus pensamentos e caminhos são maus e corrompidos. Ao ímpio Deus diz: "Que tens tu que recitar os meus estatutos?". Nenhuma forma de homenagem prestada pelos ímpios pode ser aceitável: até que a pessoa seja justificada, a obra não pode ser recebida. Caro amigo, pense nisto: antes de mais nada, você deve ser levado ao serviço do Senhor antes de poder prestar-lhe serviço. Deixe-me perguntar-lhe, então: você é realmente um servo do Senhor? Você foi comprado com o dinheiro do grande Mestre? Em outras palavras, você foi resgatado pela morte de Jesus Cristo? Você foi redimido, não com coisas corruptíveis como prata e ouro, mas com o precioso sangue de Jesus? Pois somente os remidos são considerados pelo Senhor como servos em sua casa. Os ímpios são escravos de Satanás e, mesmo em suas tentativas de religião, exibem sua vassalagem aos poderes do mal. Você deve primeiro ser liberto de sua escravidão natural, e liberto por um preço, e então, e somente então, você poderá ser o servo do

Altíssimo. Responda a essa pergunta ao seu coração e à sua consciência, querido ouvinte!

Aquele que é servo de Deus foi conquistado pelo poder e também comprado pelo preço. Como esse fato o impressiona? Uma mão forte arrebatou você da servidão ao seu antigo tirano? Você foi compelido pela graça divina a deixar seus pecados e a começar outro curso de vida? Ninguém vem a Jesus a menos que seja atraído pelo Pai; ninguém deixa de servir a loucura sem ser constrangido pela graça; você foi atraído assim? Israel teria para sempre feito tijolos no Egito se o Senhor não tivesse tirado seu povo com mão forte e braço estendido. Você sabe o que significa a poderosa operação de seu poder? A graça soberana subjugou você? Você realmente foi transportado do reino das trevas para o reino do querido Filho de Deus? Se você não sabe essas coisas, pouco adianta fingir que está junto do Senhor, pois sua profissão de fé é oca e vã.

Repito que os verdadeiros servos de Deus são sempre nascidos em sua casa e comprados com seu dinheiro: "Necessário vos é nascer de novo". A regeneração deve anteceder todo serviço santo. O fruto da oliveira brava ainda será bravo, regue-o como quiser; o fruto da macieira brava ainda será azedo, plante a árvore onde quiser. A natureza do ser humano deve ser mudada; um leão não pode arar como um boi, ou carregar um cavaleiro como um cavalo: um pecador é inadequado para o serviço até que nasça de novo. Você recebeu de Deus uma mudança, uma mudança radical que afetou sua natureza e fez de você uma nova pessoa em Cristo Jesus? Se assim for, então você pode não apenas falar de serviço, mas alegremente entrar nele; mas se não, trabalhar para realizar obras santas é tentar produzir flores sem raiz, construir uma casa sem alicerce, fazer uma vestimenta sem tecido. Você deve começar com a fé em Jesus; você deve primeiro experimentar uma obra feita por Deus dentro de você antes de poder prosseguir para trabalhar para o Senhor.

Além disso, é absolutamente necessário que em todo o nosso serviço prestemos sincera obediência ao próprio Senhor. Muito do que é feito religiosamente não é feito para Deus. Um sermão pode ser pregado e conter uma verdade excelente, e a linguagem na qual a verdade é declarada pode ser tudo o que se deseja, e ainda assim o serviço prestado pode ser para os ouvintes ou para o próprio eu da pessoa, e de forma nenhuma para Deus. Você pode ir à sua classe da escola dominical e, com grande perseverança, instruir aquelas criancinhas, mas ainda assim pode ter servido a seus colegas professores ou à comunidade em geral, em vez de servir a Deus. De quem você espera uma recompensa? De quem é o sorriso que o alegra? A cara de desaprovação de quem iria deprimi-lo? A honra de quem você busca em tudo o que está fazendo? Pois lembre-se de que o que está em primeiro lugar no seu coração é o seu mestre. Se o seu motivo mais profundo é parecer ativo, diligente e receber elogios por participar da obra da igreja, você não serviu a Deus, mas se sacrificou aos outros. Ó amado, este é um ponto que, embora seja muito simples de falar, é realmente muito perscrutador se for levado ao coração e à consciência, pois então muito do que reluz não será ouro, e a glória de muita porção aparentemente excelente se dissolverá na fumaça. O Senhor deve ser o único objetivo do seu trabalho; a busca pela glória dele deve, como um ribeiro de águas cristalinas, percorrer toda a sua vida, ou você ainda não é seu servo. Motivos funestos e objetivos egoístas são a morte da verdadeira santidade; procure e veja para que estes não traiam você de surpresa.

Além disso, em todo verdadeiro serviço a Deus, é essencial que o sirvamos no modo como Ele assim designou. Você ficaria terrivelmente atormentado se tivesse em sua casa uma mulher que subisse e descesse escadas sem parar, perambulando por todos os cômodos, abrindo todos os armários, movendo uma peça de mobília e tirando o pó, e mantendo uma agitação perpétua e preocupação em geral; você não chamaria isso de serviço, mas de perturbação. Tudo o que for feito contra as ordens é desobediência, não serviço; e se algo for feito sem ordens, pode até ser uma atividade abundante, mas certamente não é serviço. Infelizmente, meus irmãos, quantos pensam que estão servindo a Deus quando nunca olharam para o Livro da lei divina, não se voltaram para os mandamentos do grande Rei como os temos escritos em sua Palavra, mas prestaram a Ele a adoração que decidiram prestar, adoração conforme sua própria moda e imaginação, pensando que isso é bom porque é primoroso, acreditando que é apropriado porque é costumeiro, considerando uma atividade social como correta porque é antiga, mas esquecendo que a Palavra de Deus é o padrão, e nada é serviço a menos que seja ordenado nas Sagradas Escrituras. Bom seria que a Igreja, em todas as suas atividades, olhasse para isso, pois ela se sobrecarrega com muito serviço, e na maior parte o incômodo não vem de deveres prescritos a ela por seu Senhor, mas das observâncias que ela inventou para si. Sobre vocês, queridos amigos, insisto neste ponto: como suas vidas estão ordenadas? Eu lhes faço a pergunta, pois desejo fazê-la a mim mesmo: vocês prestaram atenção no que seu Mestre pensa sobre o que vocês fizeram em questões religiosas? Tem lhes ocorrido com frequência, e ocorre-lhes constantemente, de ver o que o Senhor quer que você faça? Caso contrário, eu os advirto que vocês podem ser carregados ao longo do riacho de forte correnteza de atividades da igreja pelo canal da mera tradição, e nunca prestar reverência aceitável ao seu Senhor; ou vocês podem estar incansavelmente ocupados por sua própria conta e segundo sua própria vontade, mas seus esforços não serão um serviço a Deus, porque vocês não consultaram a vontade dele. Como discípulo, você deve curvar o pescoço ao jugo de Cristo. Assim como a atenção das servas está voltada para sua senhora, sua atenção deve estar voltada para o Senhor em busca de direção e comando. O que o Rei mandar, você deve fazer, o que Ele não mandar, não tem poder sobre sua consciência, mesmo que o papa e o prelado o decretem. Todos vocês respeitaram os mandamentos dele? Vou perguntar a respeito de um deles: vocês, como cristãos, foram obedientes ao mandamento dele de serem batizados? Você já deu essa resposta de boa consciência para com Deus? "Quem crer e for batizado será salvo." Tão claramente quanto qualquer coisa nas Escrituras, parece, pelo menos para nós, que o batismo dos cristãos é ordenado; você já cuidou disso? Não, alguns de vocês conhecem seu dever, mas não o cumprem; oro para que o Espírito Santo o convença de sua negligência pecaminosa e o conduza a todos os mandamentos de seu Senhor. Nossa vontade deve se curvar e nosso coração deve obedecer, caso contrário, seremos estranhos "servindo ao Senhor".

Além disso, é essencial para todo serviço verdadeiro e aceitável que sirvamos a Deus em sua força. Aqueles que tentam aperfeiçoar a santidade sem esperar pelo poder do Espírito Santo serão tão tolos quanto os apóstolos teriam sido se tivessem começado a pregar imediatamente e tivessem esquecido a exortação do Mestre: "Ficai, porém, na cidade de Jerusalém, até que do alto sejais revestidos de poder". "Não podereis servir ao SENHOR", disse Josué a Israel: eles eram muito sinceros, estavam muito empenhados nisso, mas ele conhecia a fraqueza de sua natureza e disse-lhes: "Não podereis servir ao SENHOR". Nenhum de nós pode honrar o Senhor, a menos que diariamente obtenhamos força da fonte de todo o poder. Meu caro ouvinte, você está acostumado a prostrar-se diante do Deus vivo, consciente de sua fraqueza, e a implorar a Ele para cingi-lo com força, e então, naquele vigor dado por Deus, você sai para o campo de trabalho? Se não, se a tua obra for feita na força da carne, será apenas uma obra carnal e murchará como a erva verde. Você certamente dará a si mesmo a honra de suas próprias ações e, portanto, Deus não aceitará ou confirmará o que sua própria força forjou. A última hora de prova, que testará a obra de cada um, seja qual for, certamente consumirá tudo o que veio da natureza carnal. Que pensamento solene: nada durará, senão aquilo que foi feito pelo poder divino! Todas as obras do ser humano serão queimadas; nenhuma realização nossa aparecerá no registro da fama celestial; o que quer que tenhamos pensado que fizemos, se tiver sido executado na força da carne, certamente se dissolverá como o iceberg flutuando nas águas quentes da corrente do golfo derrete-se à medida que é carregado. Ó Espírito Santo, ajuda-nos, para que nossas obras sejam feitas em tua força e estabelecidas por Deus.

Mais uma vez, é essencial para a perfeição do serviço cristão que estejamos continuamente prontos para obedecer a vontade do Senhor em toda e qualquer coisa, sem distinção. Não podemos servir ao Senhor se escolhermos nossos deveres. Aquele que se alista no exército do Altíssimo entrega sua vontade à disciplina do exército e às ordens do Capitão. Seja o que for que Cristo ordena que qualquer um de nós faça no futuro, devemos realizar sem hesitação. Pode ser que o dedo do Senhor aponte para terras distantes, e para lá devemos ir alegremente. Devemos seguir a coluna de nuvem sem reclamar. Podemos ser chamados para cargos de trabalho para os quais nos sentimos inadequados; podemos ser solicitados a tentar um trabalho do qual nosso espírito ainda recua, mas se formos chamados a isso, não cabe a nós perguntar o motivo; é nosso dever, se necessário, até ousar e morrer servindo ao Senhor. Por que você se incomoda em encontrar força? É Ele que tem de lhe dar na hora da necessidade. Por que você se incomoda com o que gosta ou deixa de gostar? Os servos devem gostar daquilo que seus senhores lhes oferecem. Irmão, sua vontade deve ser subjugada; seus preconceitos, em vez de serem instigados, devem ser destruídos; você deve estar tão disposto a ser um cortador de lenha e um tirador de água quanto a ser um príncipe e um porta-estandarte; você deve estar tão contente em alfabetizar uma criança para Cristo quanto em testemunhar o evangelho diante de uma audiência de reis. Para você, deve ser igual sentar-se em um trono por Cristo ou apodrecer em uma masmorra por Ele. Só é um servo sincero aquele cujo objetivo é fazer toda a vontade de seu Senhor, seja ela qual for.

Eu gostaria de poder descrever esse serviço em um estilo mais atraente, mas isso é suficiente. Tenho certeza, irmãos, que servir ao Senhor não é uma religiosidade meramente externa e visível, é uma questão do coração e da alma; uma questão da consciência e dos sentimentos. Servir ao Senhor não é uma questão de explosões intermitentes de atividades, arroubos e empolgação; é uma subserviência constante, completa, prática e universal à mente do

Altíssimo. Servir ao Senhor não é mero pensamento, projeto, plano, resolução; é realmente dedicar-se e ser usado, é o exercício de todas as energias da natureza e de todas as energias da graça na causa daquele de quem toda energia é derivada. Que uma vida de santa diligência exponha com precisão em nosso caso o que é "servir ao Senhor".

II

Mencionarei agora, em segundo lugar, para auxílio e orientação dos espíritos sinceros, ALGUNS DOS MODOS PELOS QUAIS PODEMOS SERVIR AO SENHOR HOJE EM DIA.

Foi uma ordenança do rei Davi que todos os soldados do exército deveriam compartilhar os despojos. Alguns dos guerreiros não desciam para a batalha, mas tomavam conta das coisas, como guardas da bagagem, mas eles eram considerados soldados tão verdadeiros quanto aqueles que se juntavam ao conflito real. Portanto, gostaria de dizer uma palavra, primeiro para aqueles de vocês que não podem servir ao Senhor nas atividades diretas que são exigidas da maioria de nós — quero dizer aqueles que são impedidos pelo próprio ato providencial do Senhor de cumprir tudo o que incumbe a outros. Queridos irmãos e irmãs, por doença, falta de educação ou de sua posição social, você não teve oportunidades de pregar a palavra ou mesmo ensiná-la a alguns; bem, tenha em mente que um exemplo santo e tranquilo é um verdadeiro serviço de Deus. Se a língua não falar, mas se a vida falar, você terá glorificado bastante a Deus. Se suas ações forem tão vigiadas com santo cuidado que seu caráter em sua posição adorne a doutrina de Deus, seu Salvador, embora você dificilmente seja capaz de pronunciar uma sentença da verdadeira verdade do evangelho, ainda assim sua vida ressoará nos ouvidos dos não convertidos, e eles saberão que você esteve com Jesus, e seu exemplo será abençoado para eles. Se você não pode ajudar a grande causa de Deus de qualquer outro modo, ainda assim é acessível a você a oração fervorosa. Quanto pode ser feito pelo reino do Mestre, pelos "encarregados do rei",[1] que se lembram dia a dia das agonias de seu Filho, e de sua aliança e promessa de dar-lhe um domínio cada vez maior! Não duvido que muitos leitos de doentes nesse país estejam fazendo mais por Cristo do que nossos púlpitos. Oh! Que chuvas de bênçãos caiam em resposta às orações e lágrimas dos pobres e piedosos inválidos, cuja fraqueza é sua força e cuja doença é sua oportunidade. Em todos os edifícios deve haver algumas pedras invisíveis, e não são estas muitas vezes as mais importantes de todas? No próprio fundamento de uma igreja devo colocar aqueles que são poderosos em oração. Eles estão escondidos sob os relvados da obscuridade onde não podemos vê-los, mas eles sustentam toda a estrutura. Meus queridos irmãos e irmãs aflitos, quando a qualquer momento vocês forem cortados dos ministérios ativos que têm sido seu deleite, consolem-se com isso, que sua santa paciência sob sofrimento e suas orações fervorosas pela promoção do reino do Redentor são sacrifício de cheiro suave, santo e agradável a Deus.

Certamente será possível, portanto, de alguma forma, aos mais fracos e aos que estão nas piores circunstâncias acrescentar algo a

---

[1] Na Inglaterra, o *King/Queen's Remambrancer* é um funcionário real encarregado de lembrar (*remember*, em inglês) da cobrança das dívidas do monarca.

isso! Você não consegue falar pelo menos de vez em quando uma palavra por Cristo? As oportunidades devem surgir para aqueles que se encontram nas posições mais difíceis; você não irá aproveitá-las? Penso eu que, de vez em quando, para o marido, irmão ou filho mais ímpios, deve haver uma oportunidade de dizer uma palavra cheia de graça. Pelo menos às vezes, para o amigo que visita seu leito de doença, há uma oportunidade de deixar uma palavra de admoestação santa. Eu posso conceber alguns de vocês que são servos, os quais se encontram em posições tais que seria errado assistir a muitas assembleias de adoração, ou gastar muito tempo evangelizando outros; você nunca deve oferecer a Deus um dever manchado com o sangue de outro; mas imagino que, mesmo nas piores circunstâncias concebíveis, deve haver oportunidades que espero que você não negligencie em seu coração. Querida mãe com essas criancinhas ao seu redor, você tem um campo de trabalho entre elas; seus pequenos corações, por mais ternos que sejam e tão profundamente suscetíveis à sua influência, certamente podem ser trabalhados por você! Babás, governantas e criadas, vocês não precisam ir para o exterior para trabalhos santos; vocês têm suas esferas adequadas em casa e, se amarem a Deus, poderão servi-lo muito bem em sua posição. Você cujas ocupações tomam seu tempo desde a primeira hora da manhã até a última hora da noite, não posso imaginar que Deus tenha dado até a você uma luz que é totalmente coberta por um alqueire; você deve ter pelo menos algum recanto, alguma pequena fenda da qual sua luz possa brilhar sobre um mundo escuro. Procure-o e lembre-se de que, se sua vida santa e suas orações puderem ser acompanhadas apenas com o menor serviço possível, se for tudo o que for possível, você será tão aceito quanto aqueles que fazem muito mais. Os que dão milhares à causa de Cristo fazem bem, mas não fazem melhor do que a viúva que, tendo duas moedas, deu tudo. Cuide para dar tudo, e dando tudo, ofereça tanto e mais do que alguns de nós, cujas oportunidades são mais amplas e cujas responsabilidades são maiores.

Enquanto abrimos espaço para comodidade para aqueles que se mantêm junto às coisas, não desejamos encorajar os ociosos e, portanto, lembramos a vocês que poucos agora presentes estão entre a classe tão graciosamente dispensada do conflito mais duro. Temos aqui uma boa companhia militar que é bastante capaz de ir para a batalha. A esses falarei agora: irmãos, a forma de serviço que nosso Mestre mais deseja de nós é integralmente esta: que tornemos conhecido o evangelho de Jesus Cristo. Foi dito que não é nosso dever converter nações, nem mesmo salvar uma única alma; e acredito que há verdade na afirmação. Não é nosso dever fazer o que de forma alguma podemos fazer, pois só o próprio Deus pode converter ou regenerar uma alma. Jesus não nos ordenou que fizéssemos com que as pessoas aceitassem o evangelho, mas nos ordenou que o déssemos a conhecer a toda criatura. Nesta nossa cidade, não deve haver um único homem ou mulher que ignore a mensagem do evangelho. É uma triste prova de nossa indolência, nossa grosseira falta de zelo, que nossa cidade ainda ignore tão gritantemente o evangelho de Jesus Cristo. Neste país, não deve haver uma criança que tenha atingido a maioridade e ainda assim não seja instruída nas coisas do reino, nem uma sequer; pois se os cristãos fossem apenas um décimo tão numerosos quanto são, seriam amplamente suficientes para a evangelização desta nação. Sim, irmãos, se a Igreja no passado tivesse sido fiel, e fosse a Igreja no presente fiel a Deus e ao seu Cristo, não haveria razão para que restasse uma área na superfície do globo terrestre que fosse acessível ao comércio, que não devesse ser rapidamente iluminada pelo brilho límpido do evangelho de Jesus Cristo. Não somos responsáveis pelo fato de o hindu adorar seus ídolos, não somos responsáveis pelo fato de o africano adorar seu fetiche, mas somos responsáveis pelo fato de o hindu não conhecer o evangelho e de o africano não ter ouvido falar do sacrifício expiatório de Cristo. Devemos pregar o evangelho, e se é um cheiro de morte para morte ou de vida para vida, isso é deixado nas mãos de Deus. Se as pessoas o recebem ou o rejeitam, não é conosco; é nosso dever pregar a todos; semear, ainda que o trigo caia entre o joio, embora seja desperdiçado na estrada, embora pereça no final das contas no solo pedregoso; semear em todos os lugares é nosso dever, e o mundo inteiro é nosso campo. Peço, então, a todo cristão aqui que ouça a voz de seu Senhor ressuscitado e deixe sua ordem apelar para sua consciência. É seu dever obrigatório, todos os dias de sua vida, fazer com que conheçam o mistério que esteve oculto por eras, sim, o evangelho de Jesus Cristo, o fato glorioso de que Ele veio ao mundo para salvar os pecadores, sim, até mesmo o principal deles. Quanto você está fazendo por Cristo, meu irmão? Quanto você tem feito pela causa dele hoje? Quanto você vai fazer antes que o sol se ponha?

Agora, sob isso e por meio disso, se quisermos servir ao Senhor Jesus Cristo, devemos, cada um de nós, almejar a conversão dos pecadores. Eu disse que convertê-los não era nosso dever; mas acrescento a essa declaração esta outra afirmação: visar à conversão deles é nosso dever e nosso privilégio, e não devemos nos contentar com autocomplacência em apenas falar a verdade, devemos procurar sinais que a sigam. Devo transmitir a mensagem do evangelho aconteça o que acontecer; mas eu posso suspeitar de alguma falha em mim mesmo ou em meu testemunho, se a conversão dos pecadores não resultar dele em alguma medida, pois um verdadeiro evangelho é algo que salva almas. Porém, mesmo aonde ele chega, nem todos são salvos por ele, mas alguns são; e onde a verdade é dispensada com honestidade, sinceridade, fé e bastante oração, um grupo de pessoas cujos corações Deus tocou certamente será evidenciado. É dever do cristão buscar sempre a salvação de todos os que se cruzam seu caminho; mas penso especialmente em certas pessoas que estão em seu coração. Vou agora fazer uma pergunta que ouso dizer já passou por suas mentes antes, mas que gostaria de me deter nela: quantos, meu querido amigo, você já conseguiu trazer a Jesus? Você crê que eles devem perecer eternamente, a menos que tenham fé em Cristo. Por quantos você orou pessoalmente? Por quantos você já quebrantou seu coração? Você crê que eles devem amar a Cristo ou serão condenados. Com quantos você já conversou sobre aquele que é o único Salvador? A quantos você deu testemunho de sua bondade e graça? Sobre quantos você delicadamente constrangeu a seguir o Salvador? Ah! Bem, as perguntas soam tão banais como eu as coloco, e talvez quando elas chegam aos seus ouvidos, você esteja cansado delas por serem tão habituais; mas no grande dia da manifestação de nosso Senhor, quando Ele exigirá de você um relatório de sua mordomia, imploro que responda a essas perguntas, mesmo que elas o humilhem até o pó. Se a resposta for dolorosa, busque no futuro que sua conduta seja corrigida e, como servos de Cristo, anseiem por almas, e desejam, suspirem e chorem, até que finalmente vocês sejam capazes de dizer: "Se eles perecerem, fiz o meu melhor, e o sangue deles não será exigido de minhas mãos". Acho que ouvi o Diabo sussurrando para alguns de vocês: "Mas isso é um problema do pastor". Não, cavalheiros, não é problema meu fazer o seu trabalho. Meu trabalho é bastante severo, minha responsabilidade é bastante pesada; não posso assumir o seu. Na conquista de almas, nenhum cristão pode ser procurador de outro. A ideia de apoiar um missionário ou um ministro para fazer o meu trabalho para Deus é uma ideia que nunca deveria ter passado pela cabeça do cristão. Jesus não o salvou por procuração, não morreu por você na pessoa de outro; Ele deu sua própria pessoa, corpo, alma e espírito, de modo completo por você; e pelo amor que você tem por Ele, se de fato for sincero, eu rogo que você se consagre neste dia novamente para trazer para a família dele seus banidos, para que Jesus possa ver o trabalho de sua alma.

Uma terceira forma de ser útil não deve ser esquecida, e é esta: deve ser o objetivo de todos os cristãos não apenas trazer os ímpios, mas esforçar-se para recuperar os desviados. Alguns apóstatas, eu temo, são apóstatas por terem trazido desonra à Igreja cristã; eles, no entanto, estão longe de serem humildes, mas impertinentemente lançam a si mesmos e suas supostas reivindicações de atenção sobre a Igreja, a qual entristeceram e feriram; seu tão falado arrependimento nos parece mais precoce do que profundo, e mais pretensioso do que verdadeiro: mas, por outro lado, se alguém caiu, e mesmo se a igreja for obrigada a expulsá-lo, não entregamos tal pessoa a Satanás para que ele blasfeme, mas para que aprenda a não blasfemar. O objetivo da disciplina na Igreja deve ser sempre o bem da pessoa que deve suportá-la. Não há trabalho mais semelhante ao de Cristo em qualquer lugar do que os cristãos mais antigos estarem cuidando dos mais jovens, verificando suas primeiras quedas, cortando o mal antes que brote — não há trabalho mais nobre, a não ser a restauração daqueles que realmente se desviaram. Oh, como você gostaria que outros o procurassem em caso semelhante; amado, busque a ovelha que se afastou, lembrando-se de que haverá mais alegria na presença dos anjos de Deus por aquela que se afastou e foi restaurada do que pelas noventa e nove que não se extraviaram.

Outro modo de ser útil é que os cristãos busquem a edificação uns dos outros. É um bem tão grande para o Estado manter um cidadão saudável quanto introduzir um estrangeiro na cidadania. Quanto alguns de vocês poderiam fazer pela edificação dos cristãos mais novos se apenas procurassem por oportunidades? Ah, cristão, temo que você acumule experiência e acumule conhecimento, mas tudo isso se torna inútil porque você não é diligente em seu uso para o bem da Igreja.

Além disso, irmãos, alguns de vocês podem não ser capazes de realizar essas coisas em grande medida, mas Deus lhes confia riquezas, então façam uso de seus bens para Ele; e, finalmente, qualquer que seja a forma de seu dom, deixe seu trabalho corresponder a ele; de acordo com a graça dada, assim seja o trabalho prestado. Que cada centavo produza seu próprio lucro. Ao se estabelecer no corpo como um membro, exerça o ofício de sua membresia específica e não seja negligente nele. Que não haja lentidão, mas vamos todos, em nome daquele que naquele madeiro derramou sua vida, esforçarmo-nos para que, a partir de hoje, com zelo dobrado, possamos ser encontrados "servindo ao Senhor".

III

Passarei muito brevemente a observar, em terceiro lugar, O LOUVOR devido a este serviço.

Servir ao Senhor é certamente o elemento natural da vida santa. Os espíritos no céu desfrutam de descanso ininterrupto, mas encontram descanso servindo a Deus dia e noite. Se você pudesse impedir o cristão de servir a Deus, você o privaria de sua maior alegria. Certamente é tanto da natureza de um cristão fazer o bem quanto é da natureza de um peixe nadar, de um pássaro voar ou de uma árvore produzir seus frutos. Oh, então, para que você permita que a nova natureza criada se desenvolva plenamente, você deve estar servindo ao Senhor.

Servir ao Senhor é a maior honra. Como as pessoas se orgulham de pertencer à comitiva de grandes personalidades! Como elas se orgulham de usar a farda dos príncipes! Mas o que deve ser ter Deus, o Eterno, como seu Mestre, ter Jesus Cristo como seu ajudante gracioso, o Espírito Santo como seu guia divino em tudo o que você é chamado a fazer? Servir ao Senhor é estar no mesmo nível dos anjos, adorar o mesmo Mestre que eles adoram na presença da majestade divina. É melhor servir a Deus do que governar um reino; mais que isso, quem o faz é um rei e um sacerdote que entrou plenamente no serviço do Altíssimo.

Servir a Deus é desfrutar do maior prazer. Garanto a vocês que os membros mais felizes de qualquer igreja são os mais diligentes. Aqueles que ficam parados facilmente imaginam tristezas. Os preguiçosos são aqueles que se entregam à crítica do serviço de outras pessoas e se sentem mais felizes quando podem despedaçar o trabalho de outros. Esse espírito amargo morre na atmosfera de trabalho duro. Dúvidas e medos voam perante as atividades sagradas. Existe uma espécie de indigestão espiritual que se apodera de grande parte dos que professam ser cristãos, de modo que nunca parecem desfrutar da vida. É uma pena que o façam, e é uma pena que os que têm felicidade não prestam a Deus o tributo do trabalho agradecido. A reunião de oração é negligenciada por eles, eles não estão ensinando as crianças nem exortando os adultos, não estão ajudando os outros a trabalhar nem trabalhando eles mesmos, e ainda assim eles consideram que devem ter as recompensas da graça. Um chicote para seus ombros é certamente uma porção muito mais adequada do que uma promessa para suas almas. Deus geralmente é muito cuidadoso em limar alguém, se ele não for polido pelo serviço. Aquele que não se livrar da imundície pelo constante desgaste da atividade, se encontrará lançado na pungente soda cáustica do problema, onde será atormentado e consumido até que a ferrugem seja removida.

Se você deseja educar sua alma, deve ser ativo. Ninguém se torna um cristão perfeito deitando-se na cama da preguiça. Nossa maturidade é desenvolvida pelo exercício. O soldado se torna um veterano em meio à fumaça da batalha. Os marinheiros não aprendem seu ofício em terra firme, e os cristãos nunca podem ser educados de modo que toda a sua maturidade espiritual possa ser desenvolvida apenas ouvindo sermões ou testemunhando o santo exemplo de outros. Essa força que deve ser aumentada tem de ser usada; esse conhecimento que deve ser multiplicado tem de ser comunicado. Estar contente com o que você fez é retroceder; usar o que se tem é progredir e enriquecer. Avante, então, pois a perfeição está à sua frente!

Meus queridos irmãos, há dez mil coisas que eu poderia dizer com respeito à atividade cristã, todas as quais devem estimular suas mentes para a ação presente. Vocês são patriotas? Vocês não podem servir melhor ao seu país do que servindo ao seu Senhor. Vocês são filantropos? Vocês não podem abençoar a raça humana de maneira mais eficaz do que procurando estender o reino de Jesus Cristo nela. Vocês suspiram e choram pelas desgraças dos outros? Vocês não podem corrigi-los melhor do que pelo evangelho, que é o remédio universal. Vocês lamentam a abundante ignorância ao seu redor? Nenhuma luz pode dispersá-la como o conhecimento do evangelho de Cristo. Vocês têm medo do futuro? Vocês temem a revolução e a anarquia? Nada pode estabelecer os pilares da ordem como o testemunho de Cristo Jesus. Na verdade, não há nada que vocês possam fazer que seja mais santo, mais digno de sua melhor natureza, mais repleto de bênçãos do que "servir ao Senhor".

IV

E agora, para encerrar, falarei por um minuto sobre A PRESENTE NECESSIDADE DO SERVIÇO CRISTÃO.

Irmãos, sempre é necessário servir ao Senhor para o seu próprio bem. Você não pode ser santo e feliz, não pode ser o que um cristão deveria ser, a menos que esteja cada vez mais engajado na causa do SENHOR. Há uma grande necessidade de você, meu querido irmão, servir a Deus, porque temo que poucos que professam ser cristãos estejam fazendo isso. Eu não julgaria com severidade, mas ao olhar para o rol de membros e notar o número dos que deram seus nomes à igreja, não posso deixar de suspirar sobre um e outro ao lembrar que o nome é tudo o que podemos chamar de nosso no momento, até onde podemos julgar. Oh! Se ao menos os cristãos nessa cidade, que estão unidos em comunhão em nossas igrejas, fossem todos zelosos. Tenho certeza de que veríamos dias melhores e mais alegres do que agora. Não se precipite, porém, em acusar os outros, mas procure despertar a si mesmo. Há necessidade de diligência suficiente nesta cidade miserável. Eu estava lendo outro dia aquele livro emocionante, chamado *The Seven Curses of London* [As sete maldições de Londres],[2] e qualquer uma daquelas sete maldições é suficiente para causar tristeza a qualquer um, se ele entender plenamente. Essa maldição da embriaguez principalmente: o que se deve fazer com ela? Como existem poucos cristãos que levam a sério a intoxicação abominável que polui as massas de nossa população. De novo, nosso mal social, cuja simples menção é suficiente para deixar qualquer um doente — devemos fechar os olhos para sempre e falar como se estivéssemos morando em uma Jerusalém, quando esta cidade é infinitamente mais parecida com Sodoma? Ora, a ignorância, a pobreza, a miséria e a iniquidade dessa cidade fedem, e cheiram mal nas narinas do Deus todo-poderoso, e ainda assim nos reunimos em um lugarzinho tranquilo sozinhos e usamos o perfume de rosas da autocomplacência e pensamos que tudo vai bem. O Diabo está engolindo pessoas por atacado; o inferno se

---

[2] Livro publicado em 1869 pelo jornalista inglês James Greenwood (1832-1927). Cada capítulo trata de uma mazela da sociedade londrina da época: crianças abandonadas, ladrões profissionais, mendigos profissionais, mulheres imorais, embriaguez, jogadores de apostas e mal uso da caridade.

expande; a Igreja cristã quase não faz nenhum progresso — certamente nenhum progresso comparável ao aumento da população; as almas não são salvas; o erro é desenfreado; por todos os lados há sinais de grande degeneração, e se os cristãos não despertarem agora, quase podemos dizer a eles: "Acordem, levantem-se ou caiam para sempre". Se vocês pudessem ficar ao lado de um leito de morte onde uma alma está dando seu salto no escuro; se por uma vez em suas vidas vocês pudessem ouvir os gritos de um espírito quando ele entra na densa escuridão que será sua morada eterna; se vocês pudessem ter retratado diante dos seus olhos em verdade o último dia tremendo e as multidões à esquerda; se vocês pudessem olhar por um momento para o céu que seus próprios filhos, temo, podem perder por causa de sua indiferença; ou se vocês pudessem olhar apenas por um segundo para aquele inferno para o qual multidões de seus vizinhos estão descendo todos os dias, certamente vocês estariam de joelhos dizendo: "Perdoa-me, grande Deus, por toda a minha negligência passada, e a partir desta hora, purifica-me do sangue das almas pelo sangue de Jesus, e ajuda-me a ser insistente a tempo e fora de tempo em instruir meus semelhantes. Nunca, deste dia até a minha morte, poderei negligenciar uma oportunidade de dizer às pessoas como elas podem ser salvas".

Ah, queridos amigos, eu esperava ter falado a vocês com toda a sinceridade, mas temo ter sido para vocês, eu mesmo, apenas um modelo daquela frieza que condenei. Ai de mim, que também deveria ser culpado. Eu repreendo o mal muito mais em mim do que em vocês, e oro para ser salvo dele. Que todos nós, como pastores, diáconos, presbíteros, membros, professores da escola dominical e obreiros de todos os tipos, possamos estar realmente, a partir desta boa hora, muito mais com Deus em oração e muito mais zelosos em nossos trabalhos, para que nunca precisemos ser cobrados novamente por, embora não sermos negligentes nos negócios, sermos pouco fervorosos em espírito e não servirmos ao Senhor. Deus os abençoe. Amém!

3

UM BANQUETE PARA OS JUSTOS

Porque o SENHOR *Deus é um sol e escudo; o* SENHOR *dará graça e glória; não negará bem algum aos que andam na retidão. Ó* SENHOR *dos Exércitos, bem-aventurado o homem que em ti põe a sua confiança.*
SALMOS 84:11-12

NESTE doce salmo sabático, o escritor se alegra na casa de Deus. Ele evidentemente ama o lugar da assembleia santa, o lugar onde a oração e o louvor eram oferecidos pelas tribos unidas de seu povo. Mas, irmãos, não havia superstição nesse amor. Ele amava a casa de Deus porque amava o Deus da casa. Seu coração e sua carne clamavam não pelo altar e pelo castiçal, mas por seu Deus. É verdade que a alma dele desfalecia pelos átrios do Senhor, mas a razão foi que ele clamou pelo Deus vivo, dizendo: "Quando entrarei e me apresentarei ante a face de Deus?". Irmãos, é bom se interessar pelo lugar onde vocês se reúnem para adorar. Sempre me alegro quando os irmãos são levados a contribuir para a manutenção necessária do edifício e para sua limpeza e adequação. Eu odeio que Deus seja servido de maneira desleixada. Mesmo o lugar onde nos reunimos para adorar deve mostrar algum sinal de reverência ao nome dele. Mas, ainda assim, nosso respeito por nosso local de reuniões nunca deve degenerar em uma reverência supersticiosa pela mera estrutura, como se houvesse alguma santidade peculiar no local e a oração oferecida ali fosse mais aceitável do que em qualquer outro lugar. O grande objetivo de nosso desejo deve ser encontrarmo-nos com o próprio Deus. Ao ouvirmos, o objetivo é ouvir a voz de Deus. Ao cantarmos, o encanto é verdadeiramente louvar o Altíssimo. Ao orarmos, o objetivo principal é suplicar a Deus e, por assim dizer, que nosso clamor chegue até Ele, até seus ouvidos. Lembremo-nos sempre disso e nunca nos contentemos em simplesmente ir a um lugar determinado. Consideremos que falhamos se não nos encontramos com Deus. Subamos aqui com forte desejo de comunhão com o Senhor em espírito e em verdade.

O salmista também sabia muito bem que a lei espiritual permeia tudo: ele percebeu que o caráter é essencial, não apenas para uma adoração aceitável, mas para toda verdadeira bem-aventurança. Em nosso texto, ele fala não daqueles que visitam o templo, mas daqueles que andam na retidão e confiam em Deus. Não há uma bênção automática em visitar tabernáculos e templos. Em todas as assembleias para adoração a questão é: quem são os que se reúnem ali? Seus corações estão nos caminhos de Deus? Suas almas estão com sede de Deus? As promessas são muito ricas; mas a quem são feitas as promessas? E se elas não forem feitas para nós? Então, quanto mais ricas forem, mais triste será perdê-las.

Antes de revelar os tesouros inesgotáveis dessa maravilhosa porção das Escrituras, quero insistir no fato de que essas coisas são para um povo especial. A bênção é para aquele que anda em retidão: a pessoa de coração sincero, cujo caminho é sincero, reto, honesto e justo. Ela se mantém firme e caminha de cabeça erguida; ela não se curva e tampouco se inclina nem para a direita, nem para a esquerda; ela não tem motivos sinistros ou atitudes desonestas; ela é tão reta quanto uma linha, e não pode ser influenciada por nenhum ardil. Essa é uma figura muito sugestiva. Uma pessoa reta não é perversa, ou duas caras, ou com inclinação errada, ou tortuosa em seus caminhos e pensamentos: sua vida é tão reta quanto os ângulos de um quadrado e se mantém perpendicularmente firme. Esta é a pessoa que desfrutará da bênção do Deus de Israel. O pecado é uma distorção, e é uma distorção que nos rouba a bênção, de acordo com nosso texto. Mas, visto que ninguém é reto por natureza, somos lembrados do caminho pelo qual chegamos a ser retos: "Ó Senhor dos Exércitos, bem-aventurado o homem que em ti põe a sua confiança". Devemos ter a fé como a base de tudo. Então "a fé que opera pelo amor" purifica a alma; e por esta purificação, a pessoa é levada a andar retamente. Oh, estar descansando onde Deus nos ordena descansar, ou seja, no sacrifício expiatório de nosso Senhor Jesus! Oh, estar dependendo daquilo de que todos devem depender — a fidelidade do Deus que faz a aliança e do Deus que mantém a aliança. Tal pessoa tem uma rocha sólida sob seus pés. Ela confia em Deus e, por isso, permanece firme e pode andar em retidão, porque tem um ponto de apoio firme. Julguem vocês mesmos, então: vocês estão confiando no Senhor? Vocês estão andando em retidão? Se assim for, aqui está "uma festa com animais gordos, uma festa com vinhos puros, com tutanos gordos e com vinhos puros, bem purificados".

Eu diria a todo filho de Deus que pode afirmar ter o caráter que descrevi: venha ao texto e desfrute dele à vontade. O quê? Nenhuma estrela de esperança brilha no seu céu da meia-noite? As nuvens o cercam e se espessam em uma escuridão impenetrável? Venha ao texto, "porque o Senhor Deus é um sol". Aqui está o fim de todas as trevas em você. Quando Ele aparece, a noite desaparece e sua luz chega. Você está em grande perigo? Os perigos o cercam? — tentações do mundo, investidas de Satanás, levantes de sua própria corrupção? Você se sente como se tivesse ido para o centro de uma luta feroz? Isso é o máximo que você consegue fazer para ter esperança de escapar do dardo inflamado? Venha ao texto, então, e veja como aquele que guarda Israel providenciou sua segurança. Leia as palavras benditas: "O Senhor Deus é um escudo". Ele é um grande escudo que o cobrirá da cabeça aos pés e apagará todos os dardos inflamados do maligno. Aqui está a segurança perfeita para todos os que aceitam o Senhor como seu auxílio. "O Senhor é a tua sombra à tua direita. O sol não te molestará de dia, nem a lua, de noite. O Senhor te guardará de todo mal; ele guardará a tua alma."

Porventura, contudo, você me diz que se sente vazio de todo bem e seco de toda alegria. A vida espiritual está em um nível muito baixo para você. Você mal pode crer, muito menos alcançar a plena certeza. Você mal sente vida suficiente para exibir a ternura pela qual suspira e não consegue alcançar a fé que deseja. Eu ouço seus gemidos, mas vou prosseguir com você. Aqui está a palavra exata para você: "o Senhor dará graça". Seu rico favor gratuito espera para abençoar os indignos, e é tão forte e influente que aqueles que nada têm em si mesmos podem receber imediatamente todas as coisas preciosas. O Deus de toda graça dará graça.

"Sim, você diz, eu tenho graça, mas acho que a vida pela graça é muito difícil. Estou lutando dia a dia com minhas corrupções interiores; e, além disso, as enfermidades da velhice vêm se arrastando sobre mim há anos, e as sinto com tanta amargura que desejo as asas de uma pomba para poder voar e descansar." Amigo, você não precisa voar para longe. O texto promete o melhor descanso possível. O Senhor que diz que dará graça agora diz a você que dará glória. Espere mais um pouco. O sol que brilha mais e mais chegará ao dia perfeito. "O fim é melhor que o começo." A glória logo estará em sua posse de verdade — muito mais cedo do que você pensa. Entre você e o céu pode haver apenas um passo. Talvez, antes que o sol nasça novamente sobre a terra, você possa contemplar a face "do Rei na sua formosura e ver a terra que está longe". De qualquer forma, aqui está o conforto para você: o mesmo Senhor que dará graça também dará glória.

Ouço outro irmão suspirando porque está nas profundezas da pobreza? E essa pobreza não é apenas de pão e de água, mas pobreza de alma? Você sente seu espírito oprimido e tão fraco que dificilmente pode chamar uma promessa de sua? No entanto, querido irmão, se você está confiando no Senhor, e ele o tem ajudado a andar em retidão, não hesite, mas vá ao texto e mergulhe seu balde neste poço profundo e transbordante e encha-o até a borda; pois o que o texto diz? "Não negará bem algum aos que andam na retidão." Aqui está tudo por nada; tudo por você; tudo para se obter de uma vez, conforme você necessitar. É a palavra de Deus, não a minha, a própria palavra segura de Deus que lhe dá todas essas bênçãos. Venha, então, saia da poeira e das trevas. Suba na claridade e alegre-se no Senhor, seu Deus, que o convida a gritar de alegria.

Você tem medo do futuro? Eu não preciso deter-me para dizer-lhe quão docemente o texto vai embalar seu medo para dormir. No entanto, permita-me estas poucas frases. Você teme as trevas do julgamento futuro? O Senhor Deus é o seu sol. Você teme os perigos que estão diante de você em alguma nova esfera na qual você está entrando? O Senhor será o seu escudo. Existem dificuldades no seu caminho? Você precisará de grande sabedoria e força? A graça de Deus será suficiente para você, e a força dele será glorificada em sua fraqueza. Você teme o fracasso? Você teme a apostasia final? Não haverá de acontecer. Aquele que lhe dá graça irá, sem falta, dar-lhe glória. Entre aqui e o céu, há provisões para todo o rebanho de Deus, para que não tenham medo de passar fome no caminho. Aquele que o conduz, o guiará a pastos que nunca murcham e a fontes que nunca secam, pois "não negará bem algum aos que andam na retidão".

Não é esse um texto glorioso? Isso me domina. É uma joia de valor inestimável. Sinto como se não pudesse colocá-lo em um ambiente adequado, mas preciso segurá-lo exatamente como está, e girá-lo para um lado e para o outro, e pedir a você que observe como cada faceta reflete a luz do céu. É um verdadeiro diamante enorme entre as joias da promessa. É tão multifacetado, tão transparente, tão brilhante: pertence ao Rei dos reis, e Ele nos ordena a usá-lo neste dia. O que devo esperar dizer que será digno desta Escritura suprema? Como minhas palavras podem expor adequadamente essa palavra do Senhor? Não seria uma maneira ruim de considerar meu texto se eu pregasse a partir dele desta maneira:

Primeiro vamos observar o que Deus é: "O Senhor Deus é um sol e escudo". Por natureza, Ele é ambos para seu povo e, como tal, Ele é nosso; pois esta não é uma cláusula importante na aliança da graça: "Eu serei o seu Deus"? "A minha porção é o Senhor, diz a minha alma." O Senhor se entregou a mim como Ele é, como Javé, o EU SOU. Deus é onipotente? Ele é todo-poderoso para o seu povo. Ele é onisciente? Sua sabedoria cuida deles. Deus é onipresente? Deus é imutável? Deus é eterno? Deus é infinito? Ele é nosso em todos esses aspectos. O Senhor Deus é sol e escudo, e como sol e escudo Ele pertence àqueles que confiam nele e andam em retidão.

Se pregássemos assim, nosso segundo tópico seria o que Deus dará. O Senhor dará graça e glória. Ele as deu, está dando e as dará; pois o tempo pode ser tomado como você escolher. Ele sempre dará favor gratuito e ajuda bondosa. Ele lhe deu graça até agora e fez grandes coisas por você, e lhe mostrará coisas maiores do que estas.

> Sua graça brilhará até o fim
> mais forte e brilhante será;
> Nem coisas presentes, nem as futuras,
> A centelha divina apagará.

Ele irá supri-lo com graça e glória como generosas dádivas de seu amor. Elas não são um salário, mas um dom. "O salário do pecado é a morte, mas o dom gratuito de Deus é a vida eterna." A glória virá a você em termos de graça gratuita. E então há, em terceiro lugar, o que o Senhor negará; e o que é isso? Ora, absolutamente nada que seja bom, pois "não negará bem algum". Temos entre nós algumas pessoas que são ótimas em negar coisas. Se dão algo, custa--lhes um enorme trabalho; mas se fecham o bolso, estão em sua condição natural. Nosso Deus nunca foi um Deus que nega coisas: Ele faz seu sol brilhar sobre os maus e sobre os bons. Desde o primeiro dia em que Ele "falou, e tudo se fez", Ele continua se manifestando a este mundo, derramando-se em bondade, espalhando seu próprio cuidado e amor sobre todos, de modo que Ele pode ser encontrado preenchendo todo o espaço e sustentando toda a existência. A bem--aventurança de Deus se deleita em espalhar bênçãos. Negar algo não o enriqueceria, pois doar não o empobrece. Especialmente para seus santos Ele concede em abundância; a eles Ele dá todas as coisas. "Não negará bem algum aos que andam na retidão."

Não irei pregar a partir do texto desse jeito. Vamos examiná-lo de outra maneira. Aqui flui um rio de água viva: tragam seus baldes! Tomem cuidado para não vir a este rio da vida apenas para contemplar sua superfície: o rio de Deus está cheio de água e é inteiramente destinado ao nosso uso. Oh, o que eu não daria por um gole generoso agora mesmo! Aqui há o suficiente e de sobra; tomem-na sem nenhuma cerimônia, ó vocês que confiam no Senhor.

I

Primeiro, então, de um total de cinco particularidades, aqui estão, para o povo de Deus, BÊNÇÃOS EM SUA PLENITUDE, pois "o Senhor Deus é um sol". Não diz: "Deus é luz", embora isso seja verdade, pois Ele é luz e não há nele treva nenhuma; mas as palavras são: "o Senhor Deus é um sol". Então, se Deus é meu, não tenho apenas luz, mas tenho a fonte da luz. Tenho em minha posse o sol central do qual vem toda a luz para este mundo. Ouvimos falar de alguém que recebeu maçãs de um amigo e ficou grato; outro foi mais privilegiado, pois seu amigo plantou árvores frutíferas em seu jardim. Você e eu temos frutos de Deus: e nisso somos privilegiados. Sim; mas temos o próprio Senhor e, portanto, temos a árvore da vida e um suprimento perpétuo de seu fruto extremamente fresco, doce e constante. É bom beber de uma jarra; mas é melhor ser como Isaque, que morava perto do poço; porque então, se o jarro ficar vazio, haverá um suprimento permanente para enchê-lo. Deus é a fonte de todo bem concebível, sim, bênçãos inconcebíveis estão nele, e assim Ele pertence ao seu povo. Pode haver luz à parte do sol, mas não pode haver bênção à parte de Deus; e, por outro lado, todo tipo de bênção está em Deus, e nele não há falta de nada. Aquele que é todo o bem e a fonte de todo o bem, tornou-se nossa propriedade divina.

Deus é um sol: isto é, infinito de bem-aventuranças. Ninguém entre nós pode conceber a medida da luz e do calor do sol. Suponho que foram feitos cálculos pelos quais o calor do sol foi estimado; mas os cálculos devem estar além de qualquer numeração comum. Com relação ao sol, sua luz, calor e influência são grandezas além da concepção. Sua luz e calor têm fluído continuamente por muitas eras e, no entanto, permanecem inabaláveis até hoje; tudo o que saiu dele é muito menos do que o que ainda resta. Para todos os propósitos práticos, a luz e o calor do sol são infinitos; e certamente em Deus toda bem-aventurança é absolutamente infinita. Não há como medi-la. Estamos perdidos se tentarmos. Só podemos dizer: "Ó quão profundos são o amor e a bondade de Deus!" Sendo herdeiros de Deus, possuímos tudo de tudo. Não há limite para nossa bem-aventurança em nele.

Além disso, se Deus é chamado de sol, isto é para nos informar que obtivemos uma imutabilidade de bem-aventuranças, pois Ele é "o Pai das luzes, em quem não há mudança, nem sombra de variação". Deus não é amor hoje e ódio amanhã. Ele diz: "Eu sou Deus, não mudo". Diz-se que existem pontos no sol que diminuem a luz e o calor que recebemos; mas não existem tais pontos em Deus: Ele brilha com a plenitude ilimitada de seu amor infinito para com seu povo em Cristo Jesus. "Porque este Deus é o nosso Deus para sempre." Se vivêssemos tanto quanto Matusalém, descobriríamos que seu amor, poder e sabedoria são os mesmos, e podemos contar com confiança que seremos abençoados por isso. Que tesouros de misericórdia você e eu possuímos ao poder dizer: "Ó Deus, tu és o meu Deus!". Temos a nosso favor a fonte da misericórdia, a infinidade da misericórdia e a imutabilidade da misericórdia.

Muito deve ser acrescentado a respeito de Deus como um sol — que Ele está sempre comunicando sua luz, calor e excelência a todos que estão ao seu redor. Não consigo conceber o sol fechado em si mesmo. Um sol que não brilha é um sol não solar; e um Deus que não é bom e que não derrama sua bondade renunciou sua divindade. É contrário à própria noção e ideia de um Deus infinitamente bom que Ele prive seu povo de sua bondade e a mantenha afastada dele. Portanto, amados, vocês não têm apenas um Deus sumamente bom, mas também um Deus que se doa completa e abundantemente ao seu povo. Ele não é uma nascente fechada e uma fonte selada, mas uma nascente sempre fluindo no inverno e no verão. Nada em Deus é restringido de seu povo que crê. Ele se entrega a vocês em toda a sua plenitude. Todas as suas necessidades serão abundantemente satisfeitas com as riquezas de sua bondade.

Alguém já teve a tarefa de tentar falar como eu do que é totalmente indizível? Quem exaltará plenamente esse sol? Coloque-se ao ar livre e olhe um pouco o sol de frente; e quando a cegueira parece inevitável, você aprende como podemos saber pouco do sol maior, o Sol da retidão. E se o pensamento é insuficiente, o que poderá a linguagem fazer? Como pode ser possível que as pessoas falem corretamente sobre um texto como este: "O Senhor Deus é um sol"? Vão, palavras frias, e sejam exaladas na presença desse fogo fulcral! No entanto, posso mostrar-lhes o suficiente para que vejam que há mais do que consigo mostrar. Posso dizer o suficiente para que vocês saibam que há muito mais do que consigo dizer ou do que vocês consigam ouvir. Falar sobre esse tema exige algumas daquelas palavras que se falam no céu em pleno brilho da glória: palavras que línguas mortais não conseguem alcançar. Para expor plenamente a maravilhosa altura e profundidade dessa promessa, pode ser necessário o mesmo Espírito que outrora a ditou ao salmista e a colocou na página sagrada. "O Senhor Deus é um sol" — aqui está a bem-aventurança em sua plenitude.

II

Agora, em segundo lugar — e este é um ponto profundamente interessante — esta gloriosa palavra de Deus nos dá BÊNÇÃOS EM CONTRAPESO A ELAS MESMAS.

Deixe-me explicar-me: uma única bênção dificilmente pode ser uma bênção; pois, sendo uma bênção muito grande, pode nos esmagar. Podemos ter muito de uma coisa boa. Queremos algum outro benefício para equilibrar aquela bênção específica. Então, observe aqui: "O Senhor Deus é um sol e escudo". "Sol e escudo" pendem diante de meus olhos como dois pratos de uma balança de ouro. Cada um agrega valor ao outro. Quando Deus é um sol para seu povo, pode ser que Ele os aqueça em prosperidade material com seus raios brilhantes, de modo que seus bens aumentem, seu corpo esteja com saúde, seu comércio seja bem-sucedido e seus filhos sejam poupados: eles são gratos a Deus, e alegres por causa das bênçãos que Ele lhes concedeu. Ele lhes concede o desejo de seus corações. Ele permite que desfrutem das bênçãos desta vida, bem como da promessa da vida futura. No entanto, o perigo espreita aqui. Você já ouviu falar de insolação, e pessoas prósperas são muito propensas a senti-la. Nossas pobres cabeças não podem suportar os raios do sol da prosperidade: somos atingidos pelo orgulho, pelo descuido, pelo mundanismo ou por algum outro mal. É uma tentativa de a alma aquecer-se ao sol sem nuvens. Ganhos materiais são bênçãos em si mesmos, mas nossa pobre natureza é tal que não os transformamos em bênçãos, mas frequentemente os transformamos em ídolos, e então eles se tornam maldições. Que doce misericórdia é que, quando Deus prospera seus próprios filhos e é um sol para eles, Ele entra ao mesmo tempo e age como seu escudo. O mesmo Deus que é a coluna de fogo para os exércitos de Israel também é sua coluna de nuvem. Nosso hino bem coloca isso:

> Ele é minha alegria na tristeza,
> Alegrou meu coração quando estava abatido,
> E com admoestações tristes e gentis,
> Acalmou meu coração quando estava feliz.

Quando tudo está claro conosco, o Senhor sabe como acalmar o espírito de seus filhos para que eles usem, mas não abusem, das coisas desta vida. Mesmo quando eles estão repletos de alegrias mundanas, Ele faz seu povo sentir que essas não são as alegrias do coração. Ele nos protege do efeito nocivo da riqueza e do contentamento. Ele enriquece e não acrescenta dores com isso. Ele não permite que o sol nos castigue durante o dia. Não é esse um estilo gracioso de contrapeso?

"O Senhor Deus é um sol e escudo" também quando brilha sobre nós espiritualmente. Ah, como me alegro com o lado ensolarado da vida espiritual. Nem sempre consigo tê-lo; mas quando o alcanço, como fico feliz. Meu coração está pronto, como os mosquitos nos raios de sol, para dançar para cima e para baixo com intenso deleite. Quando Deus brilha sobre nossa alma, que alegria! Que êxtase! Então, dificilmente trocaríamos de lugar com os anjos, e quanto aos reis e príncipes, sentimos pena deles. Meu Deus, levanta a luz do teu semblante sobre mim, e não pedirei nada mais: é o céu na terra. Sei que alguns de meus irmãos costumam ficar deprimidos na masmorra, mas garanto que, quando saem, podem dançar com a maior agilidade e também pedem as músicas mais alegres, pois o deleite deles não é de segunda categoria.

É uma grande misericórdia que, quando Deus dá ao seu povo grandes alegrias espirituais, geralmente lhes dá concomitantemente um sentimento de humildade. A sombra de suas depressões anteriores impede que fiquem indevidamente entusiasmados com sua alegria atual; ou então a previsão de outro castigo lhes é dada, e isso os deixa sóbrios quando estão inclinados a se exaltarem. O Senhor tem maneiras e meios de deixar seu povo ser tão feliz quanto possível;

mas ainda não mais feliz do que deveria ser. Ele lhes dá graça para que possam estar cheios de segurança e, ainda assim, cheios de santo temor; sempre se alegrando e nunca sendo atrevidos; exaltados e ainda rebaixados diante do Senhor. Ele lhes dá uma experiência bem misturada e, assim, forma um caráter completo. Enquanto Ele é para eles um sol que produz crescimento rápido, Ele também é um escudo que não permite que sejam queimados: Ele é seu grande Benfeitor, mas também seu sábio Disciplinador, e em ambos os casos igualmente os abençoa.

Olhem para o texto de outra maneira: quando o sol brilha sobre alguém, ele se torna mais evidente por isso. Suponha que um exército inimigo esteja na planície e um soldado em nossas fileiras seja enviado por seu capitão para alguma missão. Ele deve passar ao longo da encosta. O sol brilha sobre ele enquanto ele tenta abrir caminho entre as rochas e as árvores. Se fosse noite, ele poderia ter se movido com segurança, mas agora tememos que o inimigo certamente o pegará, pois a luz do sol o tornou evidente. Ele precisará ser protegido dos muitos olhos impiedosos. Cristãos se tornam evidentes pelo próprio fato de possuírem a graça de Deus. Vocês são a luz do mundo e uma luz deve ser vista. Não se pode esconder uma cidade edificada sobre um monte. Se Deus lhe der luz, Ele quer que essa luz seja vista; e quanto mais luz Ele lhe der, mais evidente você será. Ele é o seu sol e brilha sobre você; você reflete a luz dele, e assim se torna uma luz; e ao fazer isso você corre os riscos necessários. Quanto mais intensamente você brilhar, mais Satanás e o mundo tentarão extinguir sua luz. Este, então, é o seu conforto. O Senhor Deus que é um sol para você também será um escudo. Ele não disse a Abraão: "Não temas, eu sou o teu escudo, o teu grandíssimo galardão"? Ele o defenderá contra os perigos da notoriedade, ou mesmo da popularidade; e se Ele colocá-lo em um lugar alto, fará seus pés como os de uma gazela, para que você fique firme.

Considerem o texto mais uma vez, ainda mantendo essa ideia de contrapeso. "O SENHOR Deus é um sol", e um sol manifesta algo, e essa manifestação nem sempre é uma alegria para nós, mas precisamos de uma proteção juntamente com essa alegria. Quando o Senhor brilha no coração de seu povo, este começa a ver seu pecado, sua culpa, sua queda, sua corrupção: e então o Senhor é um escudo, e seu povo não é vencido pela descoberta. Quando ele vê o perigo ao mesmo tempo em que vê a proteção, e quando ele vê a doença, ele vê o remédio. É uma coisa abençoada não ver o pecado, exceto ao mesmo tempo em que vemos o Salvador. É uma coisa abençoada não ter um senso de fraqueza em si mesmo, exceto se for acompanhado de um senso de força no Senhor. Essas duas coisas se equilibram com muita sabedoria, caso contrário, o Espírito de Deus revelador, ao nos mostrar tanto de nossos corações malignos, poderia quase nos levar à loucura. Se alguém pudesse ver todos os seus pecados passados, todos os seus perigos presentes e todas as provações de sua vida futura, poderia se prostrar em desespero, a menos que concomitantemente percebesse que, se o Senhor é um sol para revelar nosso perigo, ele também é um escudo para garantir nossa segurança.

Assim, o Senhor, em sua graça, faz abundar em nós toda a sabedoria e prudência. Ele multiplica o montante da bênção por sua forma sábia de dispensá-la. Ele nos dá o remédio amargo, mas também nos dá o tônico doce. Ele às vezes repreenderá, mas nem sempre o fará. Ele não nos dará muito de uma bênção para que não enjoemos e fiquemos satisfeitos. Ele nos dará outro favor que formará uma mistura saudável; sim, assim Ele faz com todas as coisas, de modo que cooperam para o nosso bem.

Reflitam sobre o meu texto, e especialmente sobre este ponto notável nele — bênçãos em contrapeso.

III

Muito brevemente, deixe-me apresentar a vocês a terceira ideia, ou seja, BÊNÇÃOS EM SUA ORDEM; pois há uma sucessão devida e adequada em meu texto. "O Senhor Deus é um sol e escudo; o Senhor dará graça e glória."

O Senhor é para nós primeiro um sol e depois um escudo. Lembre-se de como Davi diz isso em outro lugar: "O Senhor é a minha luz e a minha salvação". Luz primeiro, salvação em seguida. Ele não nos salva no escuro nem nos protege no escuro. Ele dá luz solar suficiente para nos deixar ver o perigo para valorizarmos a proteção. Não devemos fechar os olhos e assim encontrar segurança, mas devemos ver o mal e nos esconder. Não deveríamos ser muito gratos a Deus por Ele pôr em ordem nossos afazeres? A nossa fé não é cega, recebendo uma salvação desconhecida de males que não são percebidos; isso seria, na melhor das hipóteses, uma forma de vida pobre. Não, o favor recebido é valorizado porque se percebe a sua necessidade. O sol celestial ilumina nossas almas e nos faz ver nossa ruína e nos deitar no pó do desespero; e então a graça traz o escudo que nos cobre, para que não tenhamos mais medo, mas nos alegremos no glorioso Senhor como o Deus da nossa salvação.

Então observem a ordem das próximas duas coisas — graça e glória. Não a glória primeiro: isso não poderia ser. Não estamos aptos para isso. Nem no corpo nem na alma estamos aptos para a glória antes da graça. Não poderíamos receber glória enquanto somos pecadores, pois um pecador glorificado seria uma visão estranha. A graça deve primeiro apagar nosso pecado. Tirar o rebelde da prisão e colocá-lo entre as crianças seria um trabalho perigoso, a menos que seu crime fosse perdoado e ele próprio se reconciliasse com seu rei. A graça deve entrar para mudar a natureza. Não poderíamos entrar na glória ou desfrutá-la de nenhuma maneira enquanto fôssemos pecadores no coração. Um coração não regenerado não poderia entrar na alegria do Senhor. Somente os puros de coração podem ver Deus; os olhos carnais são cegos para as coisas espirituais. A graça deve nos renovar ou a glória não pode nos receber. A graça deve mudar, regenerar, santificar, ou não podemos ocupar nossos lugares entre os aperfeiçoados. Glória sem graça seria zombaria. O lugar preparado não seria o paraíso se o povo também não estivesse preparado.

Como neste caso há ordem, você a encontrará em toda disposição da casa do Senhor. Uma bênção é um degrau para outra: o santo leva ao mais santo. Primeiro a folha, depois a espiga, depois a espiga cheia de milho. O Senhor dá misericórdia em sucessão, e Ele nunca lhe dá o que vem depois até que você tenha sido qualificado para receber o que vem antes. "Vão indo de força em força." Ele dá vida, e então vida com mais abundância. Primeiro a graça, e depois graça sobre graça. Deus é abundante em nós com toda a sabedoria e prudência, guiando-nos, como fazemos com nossas crianças, desde seus livros de primeiro ano até o ensino secundário, e cuidando de nos fundamentar em cada ascensão sucessiva de conhecimento. Passo a passo nos elevamos em direção a Deus, até que finalmente veremos a face do Salvador e seremos como Ele.

Bênçãos em sua ordem. Dê valor a isso, pois pode ser uma base de conforto para você. Quando você começa a clamar pelo número sete, talvez isso o acalme um pouco se você se lembrar de que primeiro deve ter o número seis. Prossiga passo a passo. Caminhe sem desfalecer de um estágio para outro, e você certamente chegará à Montanha de Deus.

IV

Em quarto lugar, e novamente de modo breve, BÊNÇÃOS NA PREPARAÇÃO E BÊNÇÃOS NA MATURIDADE. "O Senhor dará graça e glória." A graça é a glória em botão; você verá a vara de Arão cheia de graças florescentes; mas isso não é tudo: glória é graça em frutos maduros — a vara produzirá amêndoas maduras. O Senhor dará a vocês tanto a aurora como o meio-dia, o Alfa e o Ômega, graça e glória.

Sejamos muito gratos por Deus agir com misericórdias preparatórias. Se Ele tivesse providenciado o céu, e nós tivéssemos que nos preparar para ele, nunca chegaríamos lá. Sim, e há muitos estágios de experiência espiritual que não devem ser alcançados, a menos que Deus nos dê graça educativa preliminar para chegar a eles. A bênção é que tudo o que é necessário para alcançar qualquer conquista graciosa é tão prometido quanto a própria bênção.

É assim, meu pobre amigo, que você não pode se apegar a uma promessa nesta manhã? Você é um bebê na graça. Bem, nosso Pai celestial tem uma classe para crianças em sua escola e um berçário em sua casa: Ele o ensinará como a uma criança e lhe dará uma porção de criança da qual você se alimentará e pela qual crescerá. Não tenha medo de pedir a Deus o princípio das coisas. Sei que às vezes em nossas orações sentimos que somos tão culpados por nossa estupidez que dificilmente ousamos pedir que nos ensinem as verdades simples que devemos saber; mas não devemos ceder a essa orgulhosa humildade. Devemos implorar até mesmo para aprender nossas primeiras letras do alfabeto. Suponha que precisamos ser ajudados a superar um temperamento irritável: não tenhamos vergonha de reconhecer a necessidade, mas confesse e ore por ajuda. Precisamos de graça para suportar nossas pequenas provações diárias? Então, vamos buscar a graça diária. Peça as bênçãos de um bebê, pois Deus está preparado para dá-las. Ele não diz: "Eu ensinei a andar a Efraim; tomei-os pelos seus braços"? "O Senhor dará graça e glória."

Irmãos, precisaremos de muito treino para estarmos aptos a cantar entre os participantes do coral celestial. Dissonâncias e notas falsas são abundantes, e devemos ser ensinados a sair delas em uma riqueza de tons suaves e harmonias ordenadas. Se olharmos para dentro de nós mesmos com cuidado, ficaremos chocados com a visão de nossa própria indignidade ao nos misturarmos com seres perfeitos. Não sei como vocês se sentem, mas estou ficando cada vez pior em meu próprio julgamento. Espero estar mais santificado em muitos aspectos, mas também estou mais consciente da minha necessidade de uma santificação mais plena. O fato é que quanto mais luz uma alma obtém, mais ela percebe sua escuridão e a lamenta. Quanto mais Deus o santificar, mais profano você se julgará. Ninguém geme tão profundamente "Miserável homem que eu sou! Quem me livrará do corpo desta morte?" como alguém que está mais próximo da libertação completa de todo mal. As últimas relíquias do pecado são mais horríveis para a pessoa piedosa do que todo o império do pecado para o recém-desperto. Até o próprio pensamento do pecado, a fuga dele através de sua alma como um pássaro no céu, torna-se uma calamidade para o santo maduro, e ele clama contra isso. "Se dissermos que não temos pecado, enganamo-nos a nós mesmos, e não há verdade em nós." Aquele que se gloria de ser perfeitamente santificado deve ter rebaixado o padrão de santidade ou então tem uma arrogante presunção de sua própria perfeição. Aquele que não luta diariamente contra o pecado está nas trevas e no erro, e temo que a vida de Deus não esteja em sua alma. Na proporção que Deus lidou com uma pessoa, ela clama por algo ainda além dela e avança para o que está adiante de si. Oh, como desejo me livrar completamente do pecado e de toda responsabilidade de cair nele! E aqui está a misericórdia: o Senhor dará graça. Deus concederá toda a graça necessária para tornar você absolutamente perfeito. Ele revelará sua justiça de fé em fé, e iremos de graça em graça. A fé levará à plena certeza, a esperança se iluminará em expectativa, o amor se inflamará em zelo ardente e, assim, subiremos nas asas de águias da graça à glória. Não apenas a luz da lâmpada em todo o seu brilho, mas o pavio, o óleo e a ornamentação o Senhor dará.

Além disso, o Senhor não lhe negará a maturidade, ou seja, a glória. Aquele que nos dá o café da manhã na graça nos fará jantar com Ele na glória.

Agora, aqui estou completamente sem ação. O que direi da glória? O que eu sei dela? Matthew Wilks[1] disse certa vez: "O ser humano é a glória do mundo; a alma é a glória do ser humano; a graça é a glória da alma; e o céu é a glória da graça". Isto é verdade; mas ainda assim, o que qualquer um de nós conhece da glória em seu sentido celestial? O Senhor não nos dará nada menos que a glória. Merecemos vergonha: Ele nos dará glória. Merecemos a miséria, mas Ele nos dará glória. Merecemos condenação, mas Ele nos dará glória. Merecemos a morte e o inferno, mas Ele nos dará glória.

O que é a glória? Aquele que está no céu há cinco minutos pode lhe dizer melhor do que o mais sábio teólogo que vive; e ainda assim ele não poderia dizer a você. Não, os anjos não poderiam dizer a você, pois você não poderia entendê-los. O que é a glória? Você deve desfrutar dela para conhecê-la. A glória não é apenas descanso, felicidade, riqueza, segurança; é honra, vitória, imortalidade, triunfo. Você sabe o que as pessoas chamam de "glória" aqui embaixo. O povo sobe aos telhados das casas e se aglomera nas ruas, e soa o clarim porque um conquistador voltou da guerra e traz consigo enormes despojos. Veja como ele fica altivo, puxado em sua carruagem por corcéis brancos como leite. Siga-o pela Via Sacra até o Capitólio de Roma. Todos o consideram feliz porque ele está cercado de glória. O que é essa glória? Fumaça, barulho, poeira e esquecimento, isso é tudo. Mas "glória", como o Senhor usa o termo, o que é? É aquilo que o cerca, pois Ele é o Rei da glória. É isso que coroa todos os atributos, pois lemos sobre a glória de seu

---

[1] Reverendo Matthew Wilks (1746-1829) foi um ministro britânico separatista.

poder e a glória de sua graça. É o resultado de todos os seus planos, pensamentos e obras, pois em todas as coisas Ele é glorificado. É o que seu querido Filho herda, pois Ele entrou em sua glória. Estaremos com Ele onde Ele estiver e contemplaremos a sua glória. Sim, é dessa coisa indizível que devemos participar, e isso em breve! "Portanto, consolai-vos uns aos outros com estas palavras."

V

Agora, em quinto e último lugar, BÊNÇÃOS EM SUA UNIVERSALIDADE. Tenho notado que os advogados, que sempre detalham seus honorários tanto quanto podem em suas ações — um excelente método de acréscimo —, geralmente são obrigados a resumir com uma oração geral que inclui tudo o que disseram e tudo o que deveriam ter dito; eles usam uma frase final arrebatadora para abranger tudo o que foi mencionado e não mencionado, tudo o que pode ser lembrado e tudo o que pode ser esquecido. Ora, a última parte do meu texto é desse tipo: "não negará bem algum aos que andam na retidão". Existe algum bem que não nos advenha do fato de o Senhor ser nosso sol? Não perderemos por conta dele. Existe outro bem que não pode ser incluído no fato de Deus ser nosso escudo? Não seremos privados dele. Existe algum bem que não pode ser abrangido pela graça? Não consigo imaginar o que possa ser, mas se houver tal coisa, não perderemos nem isso. Existe algum bem que não é abrangido nem mesmo na glória? Bem, não importa, nós o teremos; pois aqui está a promessa ilimitada: "não negará bem algum aos que andam na retidão".

"Olha", diz alguém, "mas Deus me negou muitas coisas boas!". Sim, então elas não seriam coisas boas para você. O que Deus fez com você, então? "Ele me fez ficar doente no corpo, Ele me fez ficar pobre e sou provado de muitas maneiras." Nisso Ele cumpriu a palavra dele de que nada de bom deveria ser negado a você. Conheço um pai que se vangloria de nunca ter colocado a mão em seus filhos para castigá-los. Às vezes eu desejava que ele tivesse feito isso, pois seus filhos eram um triste problema para todos que visitavam a casa. Portanto, aquele pai estava negando uma coisa boa a seus filhos — uma leve surra de vara teria sido muito saudável. Nosso Pai celestial nunca diz de nenhum de seus eleitos: "Eu nunca deixei de corrigi-los, mas está escrito: "Eu repreendo e castigo a todos quantos amo". Deus teve um Filho sem pecado, mas nunca teve um filho sem castigo. Ó você que é provado e aflito, o Senhor não negou de você a bênção de sua repreensão. Aceite as provações de Deus e creia que elas são sinais do amor dele. Se há algo que você deseja e não pode obtê-lo de Deus, então, creia, não seria bom para você. Se houver alguma coisa aparentemente má que vem a você abundantemente, e você gostaria de evitá-la, tenha certeza de que é realmente uma coisa boa, ou então o Senhor não a teria enviado a você.

"Ai", exclama alguém, "há muitas coisas boas que não recebi". De quem é a culpa? O que o texto diz? Não diz: "Forçarei todos os meus filhos a desfrutar de todas as coisas boas". Não, mas, "não negará bem algum". Existem milhares de misericórdias das quais não desfrutamos não porque nos são negadas, mas porque não as recebemos. Não estamos em situação difícil com Deus, mas com nós mesmos. Estamos vazios porque não aceitamos a plenitude de Cristo. Se fôssemos levados a alguns dos depósitos dessa cidade que estão cheios de artigos mais ricos e raros, e os donos dissessem: "Ora, pegue o que quiser", iríamos nos sentir à vontade com um certo grau de liberalidade para pegar coisas: mas quando o Senhor nos leva aos depósitos de sua graça, não temos fé suficiente para pedir grandes coisas. Poderíamos ter dez vezes mais — dez mil vezes mais — se quiséssemos. Muitos do povo de Deus estão ansiando por uma ninharia quando poderiam se banquetear em abundância. Eles estão comendo a refeição mais mal feita e vestindo a roupa mais grosseira — quero dizer espiritualmente — e suspirando e chorando, duvidando e temendo, e o tempo todo há o pão do céu na mesa para eles, e o manto da justiça de Cristo está preparado para que usem. Eles podem morar no portão do céu, mas se condenam ao monte de esterco.

Vamos, irmãos, mudemos tudo isso, e se o Senhor disse: "Não negarei bem algum", vamos colocá-lo à prova. Entre outras coisas, peçamos a Ele que nos dê mais alegria nele — uma segurança e confiança mais completas; e Ele nos há de dá-la. Não sejamos pobres pela pobreza autoinfligida, mas elevemo-nos às riquezas que nos são apresentadas neste bendito texto. Eu gostaria de saber como pregar a partir dele; mas, por favor, dediquem uma hora esta tarde e façam com o texto o que a vaca faz com a grama depois de ter percorrido o prado e se satisfeito: ela se deita e rumina. Se você ruminar por meio da meditação, encontrará mais no texto do que jamais serei capaz de extrair dele. Que o Senhor alimente vocês com esta porção selecionada, por amor de Cristo. Amém!

4

VIVIFICANTE E REVIGORANTE

Vivifica-me segundo a tua palavra.
Salmos 119:25

FREQUENTEMENTE encontraremos Davi proferindo esta súplica. É uma de suas orações favoritas: "Vivifica-me, ó Senhor!". E como Davi era igual ao restante de nós — de fato, sua experiência é o espelho de todos os que creem —, vocês podem ter certeza de que todos nós temos uma grande necessidade de orar como ele: "Vivifica-me, ó Senhor!". Se ele sentia uma frieza e morte constantemente apoderando-se dele, nós também sentimos. Ele achou difícil suportar um estado tão miserável, então também devemos detestá-lo e aboniná-lo. E como ele clamou ao Forte por força, e tinha conhecimento de que a vivificação deveria vir de Deus, devemos conhecer — e acredito que conhecemos — o mesmo recurso sob a mesma necessidade. Portanto, que seja nossa oração agora, e que a mesma oração seja repetida com frequência: "Vivifica-me segundo a tua palavra".

Como devemos entender essa vivificação? Significa, é claro, tornar vivo, manter vivo e dar mais vida; em uma palavra, vivificar. Ele estava vivo: ele era um homem espiritual, ou então não teria pedido por vida; pois os mortos nunca oram: "Vivifica-me". É um sinal de que já existe vida quando alguém é capaz de dizer: "Dá-me vida, ó Senhor!". Essa não é a oração do não convertido; é a oração de alguém que já é regenerado e tem o amor de Deus em sua alma: "Vivifica-me segundo a tua palavra". A vivificação, é claro, chega até nós primeiro pela regeneração. É então que recebemos a vida espiritual; e como não há vida natural no mundo, exceto aquela da qual Deus é o autor, certamente no novo mundo não há vida espiritual, exceto aquela que Deus criou. A primeira vivificação é aquela que vem sobre nós quando começamos a sentir nossa necessidade de um Salvador, quando começamos a perceber o enorme valor desse Salvador e quando, com um dedo débil, tocamos a orla das vestes do Salvador: então somos vivificados em novidade de vida. Mas essa vida espiritual precisa ser mantida viva todos os dias. É como a vida de uma chama, que deve ser alimentada com combustível e sustentada com ar. É como a nossa vida natural, que precisa de alimento para se sustentar e precisa respirar a atmosfera para sua continuidade. Somos criaturas do poder de Deus tanto em nossa continuidade de vida quanto em nosso começo de vida; e, espiritualmente, devemos tanto à graça divina para permanecermos cristãos quanto para nos tornarmos cristãos. Assim que obtemos vida espiritual, esta oração é mais adequada como um instinto santo: "Senhor, continua esta vida em minha alma, continua a me vivificar; pois, se tu não o fizeres, não tenho vida em mim separado de ti e morreria se fosse separado de ti, como um ramo quando separado da videira. Continua, pois, bom Senhor, a vivificar-me".

Obviamente, também, algum revigoramento e impulso especiais de vida devem estar implícitos aqui. As árvores durante todo o inverno estão vivas. Sua essência está nelas quando lançam suas folhas. A vitalidade não está extinta, embora o nosso poeta de *The Seasons* [As Estações][1] entoe:

"Quão morto jaz o reino vegetal:
Quão estúpido é o coro melodioso!"[2]

Um ato divino de poder secretamente mantém a vida, escondida até a chegada da primavera. Então as cadeias de gelo são quebradas, o calor suave começa a iluminar os botões selados, a seiva flui, e as árvores em seus tons renascidos e botões prestes a abrir dão tal promessa de regresso da folhagem e da flor que, em um sentido muito especial, podemos dizer estarem sendo revivificadas. Assim que a seiva começa a brotar, os botões se avolumam, as folhas se desembrulham e as flores escondidas se abrem gradualmente: um despertar vem sobre o que estava vivo e foi mantido vivo durante todo o tempo sombrio e invernal. Então, amados, vejam: primeiramente, Deus nos dá vida, depois Ele a mantém, e então em tempos e em estações (que queira Deus sejam mais frequentes, e mesmo sem intervalo!) Ele dá vigor a essa vida, para que se torne mais manifesta e poderosa; e então, de maneira notável, a revivificação é vista. Eu pediria a Deus que levasse algum pobre pecador a orar no primeiro

---

[1] James Thomson (1700 –1748) foi um poeta e dramaturgo escocês.
[2] Em *The Seasons: Spring* [As estações: primavera].

sentido da palavra: "Senhor, vivifica-me; dê-me vida", pois seria um sinal de que a vida estava chegando. Eu gostaria que todo cristão orasse incessantemente a oração no segundo sentido: "Vivifica-me, Senhor" — isto é, "mantém-me continuamente fiel e verdadeiro à tua palavra". E então, em terceiro lugar, gostaria que todos prosseguíssemos para o terceiro sentido e disséssemos: "Senhor, coloca em mim um espírito, reviva-me, eleva-me a uma vida mais alta, enche-me com mais do teu Espírito Santo e, assim, faz-me mais verdadeiro e mais semelhante ao teu sempre vivo Filho Jesus, que tem vida em si mesmo".

Tendo assim apresentado a vocês a oração, eu usaria o salmo para explicá-la — para explicar, preferencialmente, a experiência que recomenda que oremos constantemente.

Em primeiro lugar, irmãos, gostaria de nomear algumas razões pelas quais vocês precisam de vivificação; em segundo lugar, apontaria alguns motivos para procurá-la; em terceiro lugar, mencionaremos algumas maneiras pelas quais ela é realizada; e em quarto lugar, vamos sugerir fundamentos, como o salmista empregou, para obtê-la.

I

EXISTEM MUITAS RAZÕES PELAS QUAIS DEVEMOS PROCURAR A VIVIFICAÇÃO.

Devido à influência mortífera deste mundo, você não pode ignorar o que é afirmado no texto: "A minha alma está pegada ao pó; vivifica-me segundo a tua palavra". Estamos cercados de pó. Estamos associados ao pó. As melhores e mais brilhantes coisas que existem neste mundo são feitas de pó; e quanto a nós mesmos, embora tenhamos dentro de nós uma vida nova e mais elevada que não tem consonância com o pó, existe uma velha vida pertencente a nós que é irmã do pó, que diz ao verme: "Você é meu irmão". "Tu és pó e ao pó tornarás" é uma verdade para cada um de nós. No entanto, amados, não podemos nos alimentar do pó; apesar de ser o alimento da serpente, não pode ser o nosso. A nova vida em nós anseia por algo mais elevado, mas a velha natureza tenta se contentar com o pó. O pó se apega a ela, e ela se apega ao pó. Você sabe como o cuidado e o peso, o trabalho e a preocupação de um dia agitado muitas vezes arrefecem seu ardor na oração e desqualificam seus pensamentos para a meditação santa. Você não pode pensar muito no tesouro guardado no céu se pensar muito nos bens deste mundo. As riquezas costumam ser um fardo perigoso para aqueles que buscam a retidão; elas roubam o coração para longe de Deus. Matthew Henry,[3] em seu estilo peculiarmente ousado, nos adverte que o cuidado em obter, o medo em manter, a tentação em usar, a culpa em abusar, a tristeza em perder e a responsabilidade de dar conta de ouro e prata, casas e terras acumulam um fardo pesado para aquele que deseja ter uma consciência isenta de transgressões para com Deus e para com o semelhante. E, no entanto, se você tiver pouco da riqueza deste mundo, achará a pobreza uma provação difícil. As preocupações da pobreza, como as da riqueza, muitas vezes quebram o calmo repouso que nossa fé deveria desfrutar. Se as coisas vão bem com você nos negócios, então essas correntezas suaves e enganosas o afastam de Deus; e, se elas forem agitadas com você,

---

[3] Matthew Henry (1662-1714) foi um pastor presbiteriano e comentarista bíblico galês.

então, nas profundezas e na tempestade você será bastante propenso a esquecer o Senhor ou a murmurar contra sua providência. Não há nada neste mundo para ajudar um cristão; é tudo contra ele. O mundo nos prende a si o mais firmemente que pode: ele age para conosco como uma substância pegajosa. Quando subimos nas asas das águias, muitas vezes somos como a águia que você vê nos zoológicos que mantêm tais criaturas: há uma corrente em nosso pé e não podemos alçar voo. Nossa alma se apega ao pó. Já que este é o caso, e você não pode sair do mundo, ore para que possa se elevar acima de suas circunstâncias. Vocês negociantes, vocês chefes de família, vocês que guiam e vocês que seguem, vocês que são sociáveis e vocês que são solitários, todos vocês ainda devem estar no mundo e se misturar com as pessoas do mundo, portanto, clamem a Deus, sim, clamem poderosamente: "Senhor, livra-nos da influência mortífera do mundo no qual vivemos! Vivifica-nos, nós te imploramos, dia após dia!".

Uma segunda razão para nossa necessidade de vivificação reside na influência da vaidade — daquilo que é realmente pecaminoso. Veja o versículo 37: "Desvia os meus olhos de contemplarem a vaidade e vivifica-me no teu caminho". À medida que andamos pelo mundo, vemos muito daquilo que nos é prejudicial. Os pecados dos outros deixam algum tipo de mancha na consciência. Eu questiono se vocês conseguem ler um jornal e examinar a história de um assassinato ou roubo, ou examinar com um olhar mais distante em qualquer livro de história o pecado de seus semelhantes sem serem prejudicado de alguma forma. Somos compelidos a ver muita vaidade e pecado em nossas atividades diárias; não apenas lemos palavrões, mas ouvimos blasfêmias. Você entra em um vagão de trem e nem sempre pode evitar ouvir uma conversa que é o inverso do puro: você entra em sua casa e, a menos que esteja felizmente situado onde todos sejam cristãos, haverá muitas coisas que você não pode aprovar, e que não serão de nenhum benefício para sua alma. Além disso, o mundo inteiro corre atrás de seus próprios ídolos: os seres humanos buscam cada um o que é seu, e não as coisas de Cristo, e todas essas coisas são vaidade. "Vaidade de vaidades!" — diz o pregador, "é tudo vaidade". Nossos olhos muitas vezes ficam fascinados com o brilho e o ofuscamento dessas vaidades. O mundo assume uma aparência muito bonita; ela adorna a cabeça e pinta o rosto como Jezebel, e nem sempre é fácil detestá-la como Jeú, e dizer: "Atirem-na para baixo e deixem os cães comerem-na". Não temos nada a ver com este mundo vão. Não somos cidadãos desta terra. Mas, na verdade, Senhora Bolha,[4] como John Bunyan[5] a chama, com sua bolsa e com sua personalidade, apresentando-se sem parar, é suficiente para fazer até o próprio Firmeza cambalear, e ele precisa cair de joelhos e clamar: "Vivifica-me, ó Senhor, e desvia os meus olhos de contemplar a vaidade". Há, portanto, uma segunda boa razão pela qual devemos buscar a vivificação.

Às vezes teremos necessidade de clamar por vivificação porque estamos cercados por enganadores. Vá para os versículos 87 e 88: "Quase que me têm consumido sobre a terra; mas eu não deixei os teus preceitos. Vivifica-me segundo a tua benignidade; então, guardarei o testemunho da tua boca". Se você é frequentemente atacado

---

[4] Senhora Bolha e Firmeza são personagens de *A Peregrina*, segunda parte do livro de John Bunyan, *O Peregrino*.
[5] John Bunyan (1628-1688) foi um escritor e pregador batista inglês, autor de *O Peregrino*.

por inimigos, e se esses inimigos forem as pessoas de sua própria casa, se eles zombarem de sua fé, se fizerem uma piada sobre o viver santo com o propósito de magoá-lo, você precisará de muita graça para não se enfurecer. Ser sempre como uma pomba, ser uma pomba no meio dos corvos; ser sempre como um cordeiro, ser um cordeiro no meio de lobos, não é tão fácil. Deve ter muita vida espiritual aquele que souber, com sabedoria e discrição, comportar-se no meio daqueles que espreitam para apanhá-lo em uma armadilha em cada palavra que ele diz. Lembre-se de como Davi agiu na corte de Saul, quando Saul o olhou. A pureza imaculada é a política mais segura. Embora Saul olhasse para Davi, ele não podia ver nenhuma falha ou levantar qualquer acusação contra ele. Oh, que todos vocês, jovens, especialmente aqueles que estão sujeitos ao desprezo e ao desdém por causa de sua fidelidade a Cristo, possam ser duplamente cingidos com graça — que vocês sejam, de fato, vivificados para a vida espiritual plena, para que possam resistir ao teste de perseguição e reprovação, de suspeita e menosprezo, de deturpação e calúnia, que certamente cairá sobre vocês. Não orem para se livrar das injustiças: alegrem-se por serem considerados dignos de sofrerem vergonha por amor de seu Salvador. Vocês podem orar, se quiserem, para que a aflição seja aliviada, porque sua força é pequena; vocês podem orar para que sua fuga não seja no inverno; mas não façam disso o objeto especial de sua súplica. Em vez disso, orem por graça para suportá-las. Orem por vida, vida espiritual, para que vocês possam ganhá-la. Suponho que, para prevenir a doença, seja bom remover a sua causa, bem como tudo o que produz mau cheiro no ar; mas o certo é que a própria pessoa seja firme quanto à sua vida. Não tenho dúvida de que muitos morrem em locais moderadamente saudáveis porque não têm resistência, possuem uma constituição fraca, enquanto o jovem com saúde robusta pode até passar por um distrito pestilento e ficar horas em meio ao fedor sem cair vítima de sua influência mortal, simplesmente porque a vida que está nele resiste à malária. Seu dever, querido amigo, se você vive no meio daqueles que são incendiados pelo inferno, que derramam veneno contra você, é orar: "Senhor, vivifica-me para que eu possa ter tanta vida espiritual a ponto de essas influências danosas não me serem prejudiciais. Livra-me delas quando for tua vontade; mas, enquanto isso, deixa-me ter uma maré tão cheia de vida que possa suportar o que devo encontrar sem ser prejudicado por isso".

Outra razão para buscar a vivificação será encontrada no versículo 107 "Estou aflitíssimo; vivifica-me, ó Senhor, segundo a tua palavra". Em épocas de aflição, tendemos a cair em um estado mental sombrio, frio e morto. Conhecemos pessoas na pobreza — muitas vezes tenho sofrido muito com isso, quando os membros desta igreja que se tornaram muito pobres desistiram de frequentar a casa de Deus. Eu poderia entender suas razões muito melhor do que gostar delas. O orgulho delas foi, sem dúvida ferido, porque não podiam se vestir como costumavam, embora eu tenha certeza de que ninguém aqui pensa menos de vocês por não se vestirem com roupas finas. Eu mesmo não penso menos de vocês. Como não podiam se vestir tão bem, achavam que não podiam se misturar como faziam com alguns com quem antes eram iguais em circunstâncias. Então elas abandonaram o caminho. É uma coisa triste quando fazem isso. Estou muito triste com isso. Espero que nenhum de vocês o faça. Vocês devem pensar que serão mais bem-vindos na casa de Deus do que nunca quando estiverem com problemas; e se vocês perderem suas posses terrenas, é mais uma razão pela qual vocês devem procurar se apegar mais rápido às riquezas celestiais. Se você também está com dor, esse tipo de aflição tem grande tendência a distrair a mente. Quem pode pensar quando a cabeça está latejando? Quem pode ficar calmo quando cada veia se torna uma estrada para os pés quentes da dor percorrerem? Não é fácil. Bem, agora, quando nos sentimos fracos, quando sentimos que a mente está sofrendo em sintonia com o corpo, temos motivos para clamar: "Senhor, que a graça triunfe sobre a natureza. Permite que o teu Espírito me infunda poder — o teu bendito Espírito consolador — para me erguer acima do peso que agora está sobre mim, para que eu possa me gloriar também na tribulação, porque o poder de Deus realmente repousa sobre mim". Você olha para um peso como algo pesado que o puxa para baixo, mas a mecânica sabe como fazer um peso levantar você. Uma pequena adequação com cordas e roldanas e dispositivos semelhantes, e o peso o levantará. E o Senhor sabe como fazer com que nossas aflições sirvam para nossa vivificação, como mostraremos a você precisamente; mas em si mesmas, elas nos mortificam. Elas não ajudam, mas entravam; e assim, sempre que elas vierem, é hora de orarmos com ênfase especial: "Vivifica-me, Senhor, segundo a tua palavra". Assim, tenho me esforçado para mostrar a vocês, no próprio salmo, algumas das razões pelas quais precisamos de vivificação.

II

Agora, vamos passar a descrever ALGUNS DOS MOTIVOS PARA BUSCAR A VIVIFICAÇÃO. E eles são muitos.

Busque-a por causa do que você é. Você é um cristão e, portanto, já está vivo para Deus. A vida busca mais vida; é sua tendência natural. Se há vida em uma árvore, ela torna seus galhos produtivos; e quando manifestar seu broto de primavera, você notará que ela começa a buscar por seu broto de verão; e quando termina a brotação do meio do verão, a árvore sempre está de olho na brotação da próxima primavera; e antes que as folhas velhas desapareçam, todos os preparativos são feitos para as folhas novas. A vida está sempre visando a mais vida. É uma lei da natureza. Há uma propagação que progride continuamente, na qual a vida se desenvolve e se multiplica. Ora, se você tem a vida incutida pelo Espírito Santo, você desejará mais. Se você não deseja ter mais vida, certamente deve ser porque você não a tem. A pessoa viva certamente clamará a Deus para que tenha vida em abundância.

O próximo motivo não é apenas pelo que você é, mas pelo que você deveria ser. Aqui está uma pergunta para você, vou deixá-lo responder: "Que tipo de pessoas devemos ser em toda santa conversa e piedade?". Às vezes, gostamos de resolver um problema. E aqui está um para se resolver — faça um desenho, se puder, de como você deveria ser. Se você desenhar essa figura de modo preciso, vou lhe dizer como ela será: igual a Jesus Cristo. Essa é a resposta a esta pergunta: "Que tipo de pessoas devemos ser?". Ora, Cristo estava cheio de vida. Embora Ele não contendesse ou chorasse, ou erguesse a voz, ou procurasse ser ouvido nas ruas por meio da busca por notoriedade popular, ainda assim, que vida havia nele! Ele estava cheio de vida. Não havia nada estagnado, indiferente ou sem propósito em nenhuma de suas ações ou em toda a sua trajetória. Ora, a vida de Cristo era tão plena que parecia fluir até mesmo pelas suas vestes, de modo que, quando tocavam-nas, o poder saía dele. Como Ele era cheio dessa força viva — o poder interior! Amados, assim devemos ser. Como somos redimidos, como somos vivificados por Cristo, como somos membros de seu Corpo, como pertencemos a Ele, devemos nos considerar mortos para o pecado, mas vivos para Deus por Jesus Cristo. Acima de todos os seres humanos que vivem, o cristão deve viver no grau mais intenso. Temos uma corrida a correr; não devemos rastejar e nos arrastar, caso contrário não ganharemos o prêmio. Temos uma batalha a travar; se embainharmos nossa espada, tirarmos nossa armadura e irmos dormir, como poderemos vencer nossos inimigos? Temos um sofrimento a suportar, de acordo com o poder divino que em nós opera de maneira grandiosa; e não poderá haver essa resistência até o sangue, lutando contra o pecado, a menos que todas as nossas paixões sejam despertadas e todas as nossas forças sejam estimuladas para a surpreendente luta interior. Devemos pedir vivificação por causa do que devemos ser.

Depois, devemos pedir vivificação por causa do que seremos. "Ainda não é manifesto o que havemos de ser. Mas sabemos que, quando Ele se manifestar, seremos semelhantes a Ele; porque assim como é o veremos." Irmão, você será um espírito puro no céu: seja espiritual agora. Irmão, você cantará entre os anjos; ensaie a música agora. Irmão, você verá o rosto dele, que é como o sol que brilha em sua força: não deixe que a sujeira feche seus olhos agora. Deixe-os límpidos, tão límpidos quanto possível nesta atmosfera enevoada da terra. Irmão, você se assentará no trono com Cristo, pois Ele diz: "Ao vencedor, dar-lhe-ei sentar-se comigo no meu trono, assim como também eu venci e me sentei com meu Pai no seu trono". Veja como você será e se comporte à altura. Você não pode manter a dignidade de seu alto chamado, ou de seu destino celestial, a menos que tenha uma vida espiritual em abundância; portanto, ore: "Vivifica-me, ó Senhor".

Agora, voltando às próprias confissões e reflexões do salmista, no versículo 88 ele nos dá outro motivo para buscar a vivificação: "Vivifica-me segundo a tua benignidade; então, guardarei o testemunho da tua boca". Queremos vivificação para obedecer. Se nossa vida se degenerar, então o poder do pecado terá domínio sobre nós. Não podemos seguir o caminho da obediência, prontidão, cuidado meticuloso e sinceridade interior a menos que sejamos vivificados diariamente. Estou certo de que vocês querem ser santos, irmãos e irmãs. Tenho a certeza de que sim. Bem, então, orem: "Vivifica-me". Não existe uma santidade morta; ela deve ser uma santidade viva, e vocês devem ser vivificados para serem obedientes, pois não existe obediência morta. Os adoradores levavam para o altar de Deus pássaros e outros animais, mas nunca peixes; e por quê? Porque não era possível levar peixes vivos para o altar, e não deve haver nenhum sacrifício apresentado a Deus que não tenha vida. Peçam vida, para que tenham obediência.

Olhem para o versículo 107 e vocês verão outro motivo para buscar a vivificação — ela será a sua consolação: "Estou aflitíssimo; vivifica-me, ó SENHOR, segundo a tua palavra"; ou, melhor ainda, no versículo 50: "Isto é a minha consolação na minha angústia, porque a tua palavra me vivificou". Você quer ser consolado? Seja vivificado: não peça tanto ao Senhor que lhe dê doces promessas, mas que lhe dê vida interior, pois na vida sempre há luz. "Nele estava a vida e a vida era a luz dos homens." Como a luz é a vida, a vida é a luz; e quando você obtiver a vida de Deus dentro de sua alma, você obterá o consolo de Deus. Assim, eu exorto vocês a buscarem a vivificação, se vocês estiverem passando por alguma angústia, porque será o meio mais fácil de encontrar consolo nela.

Observem também os versículos 87 e 88, aos quais já nos referimos, e você verá que devemos buscar a vivificação como a melhor defesa contra ataques de inimigos. Não precisamos examinar como podemos enfrentar o inimigo, ou com que argumento podemos refutar seus enganos, ou com que armas podemos derrubá-lo. "Vivifica-me, ó Senhor" ainda é a oração, embora ameacem nos consumir da face da terra. Temos apenas que nos manter próximos aos preceitos de Deus e orar por vivificação, e seremos "mais do que vencedores, por aquele que nos amou".

O uso da palavra "vivificar" será visto no versículo 93: "Nunca me esquecerei dos teus preceitos, pois por eles me tens vivificado". Sempre corremos o risco de esquecer os preceitos de Deus; mas para revigorar nossas memórias e fortalecer nossos corações devemos ser vivificados. Nada pode tornar alguém tão certo de andar corretamente e desafiar todos os ataques de seus inimigos como o recebimento da vida espiritual. O jovem só consegue purificar seus caminhos ao guardá-los de acordo com a palavra de Deus; mas ele não consegue fazê-lo se não estiver vivo no caminho. A vida é algo notável. Olhe para uma poça d'água quando ela está parada: como fica coberta de plantas, como é estagnada e contaminada: mas dê-lhe vazão e deixe-a correr para o riacho entre as pedras; deixe-a pular em pequenas cascatas em seu caminho até o rio. Ela está viva agora, e veja como se torna pura, filtrando-se à medida que avança, deixando de lado toda a imundície que havia acumulado antes, tornando-se mais pura e límpida, por causa da vida. Assim deve ser conosco. Devemos ter vida; esqueceremos o preceito de Deus e perderemos a pureza da vida, a menos que a vivificação nos seja dada abundantemente.

    Se eu quisesse algum motivo empolgante para despertar os vacilantes, eu recorreria a isso: as terríveis consequências de perder a vida espiritual. Não me refiro ao efeito de perdê-la completamente, mas de ter falta dela em sua demonstração visível. Infelizmente, será tão fácil dar exemplos óbvios! Mas eu poderia falar de muitas congregações e igrejas em que não há mais evidência de vitalidade, crescimento, aumento, por estarem todos mortos. Não digo que não haja vida espiritual, mas não há no sentido em que estou usando o termo. Eles caíram em um sono mortal, e os membros da igreja estão frios, apáticos, sem ânimo. A vida entre eles está no nível mais baixo. Você não pode ter certeza de que estejam respirando; respirar no sentido de um fôlego de oração. Alguns deles não conseguiriam dizer ou não saberiam quando foi a última vez que estiveram em uma reunião de oração; e quando participam dos cultos de domingo, não poucos dormem, literalmente, e os demais dormem com os olhos abertos. O pastor cochilando, sonhando, roncando, falando durante o sono — assim é sua pregação. Há muita pregação assim — um ronco inarticulado do evangelho eterno. O pregador, talvez, lê, ou então repete o que arduamente guardou na memória, e o diz como um aluno faz sua lição, e fica feliz quando termina, pois considera que pregar duas vezes no domingo o esgota, coitado! E bem pode ser, do jeito como ele faz. Também esgota seu povo. Eles não têm iniciativa, o bairro ao redor não é evangelizado por eles, eles não crescem em número, não pensam em crescer, na verdade, eles recebem cada vez menos pessoas conforme os bons cristãos vão para seu lar no céu. Qualquer tentativa de fazer qualquer coisa lá seria vista como "uma inovação". Ainda assim eles fazem alguma coisa: eles têm um alvoroço de vez em quando. Eles realizam o que chamam de "reunião da igreja", o que significa, no caso deles, uma rinha espiritual, na qual eles mostram sua vida, e um pastor é expulso, e outro, e outro — não que seja um lugar adequado que alguém deseje ir, vocês sabem, pois há muito pouco a se obter, exceto abusos; mas ainda assim é o estilo da coisa, e há centenas de igrejas na Inglaterra nessa condição. Oh, que o Senhor os vivifique! Que este lugar seja reduzido a cinzas, e que a congregação seja espalhada aos quatro ventos do céu, antes de se tornar um enorme mausoléu, uma catacumba, da qual se pode dizer "os mortos estão lá". Ah, é ruim ter "os meios da graça" sem a graça dos meios, ter um nome de que vive e estar morto. Deus nos livre disso! Cuidem de si mesmos; alguns dos membros desta igreja, eu temo, estão entrando nessa condição; mas não vocês que estão presentes esta noite, eu acredito. Vocês provavelmente não estariam aqui em uma noite tão chuvosa como esta, se não tivessem algum cuidado com as coisas de Deus, mas refiro-me aos que não estão aqui. Quando vocês chegarem em casa, digam-lhes isso; digam-lhes o que eu disse sobre isso, e então talvez eles digam: "Bem, se o pastor sempre fala de modo severo daqueles que não estão lá, é melhor irmos, para escaparmos de suas críticas".

III

Agora, vamos mencionar brevemente ALGUMAS DAS MANEIRAS PELAS QUAIS ESSA VIVIFICAÇÃO PODE SER REALIZADA EM NÓS.

Claro que o próprio Senhor deve fazer isso. Em oração, deve ser buscada, porque deve ser realizada pelo poder dele. A oração é: "Vivifica-me, ó SENHOR, segundo a tua palavra". O salmista não espera a vivificação de ninguém, exceto de uma fonte divina. De onde pode vir a vida senão do Deus sempre vivo? Como podemos esperar obter a vida se, enquanto buscamos a dádiva gratuita, esquecemos totalmente a energia divina daquele que é o único que pode concedê-la? No versículo 37, somos informados de como o Senhor frequentemente vivifica seu povo, ou seja, desviando os olhos de contemplar a vaidade. "Desvia os meus olhos de contemplarem a vaidade e vivifica-me no teu caminho." O Senhor às vezes tira a vaidade da qual fizemos nosso ídolo; ou então Ele nos afasta do ídolo e não nos permite encontrar nenhum contentamento nele. Oh, é metade da batalha ser afastado daquilo que é criatura. É metade da batalha, eu digo, tirar os olhos da vaidade, pois então é provável que você volte seus olhos para o seu Deus. Que Ele tenha graciosamente o prazer de vivificar alguns de vocês dessa maneira.

No versículo 50, descobrimos que Deus vivifica seu povo por sua palavra. "A tua palavra me vivificou." E a parte da palavra que Ele frequentemente usa para esse fim é notável, pois, no versículo 93 está escrito: "Nunca me esquecerei dos teus preceitos, pois por eles me tens vivificado". As promessas estão vivificando, as doutrinas estão vivificando, mas Davi diz: "Teus preceitos — com eles tu me vivificaste". Se pregarmos com frequência e fervor os preceitos de nosso Senhor, haverá ouvintes que reclamarão e dirão: "O pastor está ficando legalista". Não, irmãos, são vocês que estão morrendo, pois quando estiverem vivos, vocês amarão os preceitos de Deus, e esses preceitos os vivificarão. "Mas eles me causam dor", diz alguém. Muitas vezes é assim que as pessoas são vivificadas. Enquanto uma pessoa está se afogando, ouvimos dizer que suas sensações muitas vezes não são realmente dolorosas; mas quando ela é retirada da água, assim que começa a recuperar a vida, o sangue começa a formigar nas veias e a dor é intensa. A dor de voltar à vida é algo terrível. Bem, assim é com os preceitos de Deus quando Ele nos vivifica por meio deles. Esses preceitos nos doem porque nos mostram nossas deficiências, expõem nossas falhas e nos humilham. Irmão, essa é a maneira de ser vivificado. Quando você está entorpecido, você sabe que está quase morto; mas quando sua carne entorpecida começa a voltar à vida — você já sentiu, deve ter sentido —, quando o sangue começa a circular, uma dor aguda é provocada pelo atrito na parte que antes estava dormente e indolor. Seja grato pela dor que é um indicador da vida. "Amo os teus preceitos, pois por eles me tens vivificado." Que o Senhor aplique um texto da Escritura à sua alma com poder, ou que Ele possa enviar uma palavra do ministro enquanto ele fala em nome do SENHOR com poder divino, e você logo sentirá o efeito. Embora você pareça estar morto, se levantará e começará a viver novamente. Você não tem notado muitas vezes que grandes reavivamentos vêm ao seu espírito abatido? Ore ao Senhor para que a palavra dele seja sempre vivificante e inspiradora para você.

No versículo 107, vemos outro meio de vivificação que Deus, de modo frequente, usa, a saber, a aflição. "Estou aflitíssimo; vivifica-me, ó SENHOR, segundo a tua palavra." Deus, com frequência, emprega a adversidade como um provocador sinistro para nos incitar a ter a chama da devoção mais brilhante. Quando você observa o fogo na lareira da sua sala de estar ficando opaco e se apagando, você nem sempre coloca mais brasas, mas o agita; e às vezes a aflição faz isso conosco. Ela nos agita e faz com que a vida que estava definhando irrompa vivamente. Seja grato se Deus agitar seu fogo.

Então, de novo, essa vivificação às vezes é realizada em nós por meio da consolação divina, como no versículo 50: "Isto é a minha consolação, porque a tua palavra me vivificou". A grande torrente de consolação, o súbito influxo de alegria suprema, quando você estava muito deprimido, o animou e revigorou muito; pelo menos sei que muitas vezes tem sido assim comigo. Quando muito desanimado e triste no coração, senti uma corrente suave, como se fosse a corrente do Golfo com sua temperatura quente e amena, fluindo em minha alma, derretendo todos os *icebergs* que se reuniram em volta do meu coração, e me perguntei o que era. Minha gratidão voltou-se para meu gracioso Deus e encontrou doce expressão naquele hino:

> Tua misericórdia está à altura do meu coração,
> Que se maravilha ao sentir sua própria dureza partir,
> Dissolvendo-me por tua bondade, eu caio no chão,
> E choro pela adoração à misericórdia que descobri.

Muitas vezes você terá comprovado, não duvido, como Deus usa a consolação do seu Espírito para vivificar seus filhos.

IV

Nosso último ponto é indagar COMO SÃO NOSSAS SÚPLICAS QUANDO VAMOS PERANTE DEUS PARA PEDIR VIVIFICAÇÃO. Que argumentos devemos usar? Bem, irmãos, usem primeiro o argumento de sua necessidade. Seja qual for essa necessidade, particularize-a, como Davi faz no versículo 107: "Estou aflitíssimo; vivifica-me". Ou peguem nosso texto: "A minha alma está pegada ao pó; vivifica-me". Supliquem assim por suas necessidades. Seus desejos serão o argumento para o azeite e o vinho. Sua magreza e sua fome serão o argumento para um festival. Mostre ao Senhor o que vocês são e em que estado vocês estão. Confessem isso diante dele, e isso será um bom argumento. Invoquem também, se estiver em seu poder fazê-lo, o desejo sincero que Deus acendeu em vocês. Leiam o versículo 40: "Eis que tenho desejado os teus preceitos; vivifica-me por tua justiça". Isso é o mesmo que dizer: "Senhor, tu me deste intenso desejo por ti. Tu me deste este desejo: não o satisfarás? Tu me torturas com o suplício de Tântalo?[6] Tu me entristeces com uma sede que não quer saciar? Tu me deste fome do pão do céu apenas para me torturar?". Amados, se vocês têm um desejo, podem confiar que o desejo do justo será concedido. Deus não desperta o apetite sem prover o alimento. Se Ele o faz ter fome e sede de justiça, lembre-se da promessa: "Bem-aventurados os que têm fome e sede de justiça, porque eles serão fartos". Eles não terão apenas um pouco, uma ou duas migalhas para tapear a fome, mas serão saciados. Vá e suplique isso diante de Deus. "Tenho desejado os teus preceitos; vivifica-me por tua justiça." Aqui está a segunda súplica.

---

[6] Rei mítico da Grécia antiga. Por ter testado a onisciência dos deuses servindo a carne do próprio filho em um banquete a eles, foi castigado no Tártaro a ficar sedento e faminto: quando tentava beber água, esta escoava para longe, e quando tentava pegar algum fruto de uma árvore, os galhos se moviam.

E então você pode encontrar uma terceira súplica na própria justiça de Deus, como vimos no versículo 40. Apele à sua justiça. Estou vendo você se voltar envergonhado? Eu ouço você dizer: "Oh, não! Eu não poderia apelar para isso, pois a justiça de Deus deve me condenar". Pare um minuto. "Se confessarmos os nossos pecados, Ele é fiel e justo para nos perdoar os pecados." Ora, a justiça de Deus está do lado daquele que recebeu sua promessa, porque seria injusto de sua parte quebrá-la. Ele não mudará o que saiu de sua boca. O Senhor deu sua palavra sobre isso: Ele dará vida ao seu povo. O próprio fato de tê-los feito viver é a prova de que Ele pretende continuar a fazê-los viver. Vá e suplique, então. Diga: "Na tua justiça, ó Senhor, vivifica-me". Davi está frequentemente voltando a esse tema. Como mostrei a vocês na leitura, ele suplica duas vezes ao juízo de Deus, ou à sua justiça, para que o vivifique.

Outra súplica muito doce é a da benignidade de Deus. Leia o versículo 88: "Vivifica-me segundo a tua benignidade". Olhem para o versículo 149: "Ouve a minha voz, segundo a tua benignidade; vivifica-me, ó Senhor, segundo o teu juízo". E assim novamente no versículo 156: "Muitas são, ó Senhor, as tuas misericórdias; vivifica-me, segundo os teus juízos". "Ó Deus piedoso, dá-me mais vida. Ó tu que não desejas a morte de ninguém, dá-me mais vida. Ó tu que amas como um pai ama, dá-me mais vida. Ó tu que me gravaste nas palmas das tuas mãos, vivifica-me; vivifica-me, eu te imploro." Elas não são promessas benditas às quais se apegar — sua benignidade e suas ternas misericórdias —? Com tais promessas, você certamente triunfará.

Que súplica abrangente é a de nosso texto: "Vivifica-me segundo a tua palavra". Você a tem nos versículos 25, e 107. O salmista suplica pela palavra de Deus. Qual era a palavra pela qual Davi suplicava seria um pouco confuso para mim dizer a vocês. A Bíblia dele não era tão grande nem tão cheia quanto a nossa. Não encontro nenhuma promessa de vivificação antes do tempo de Davi. Talvez uma promessa especial tenha sido dada a ele, ou, pelo menos, a promessa está no Pentateuco: mas certamente para nós há abundante testemunho a ser encontrado na Palavra de Deus, pois o próprio Senhor Jesus Cristo nos disse: "Aquele que beber da água que eu lhe der nunca terá sede, porque a água que eu lhe der se fará nele uma fonte de água a jorrar para a vida eterna". "Eu dou às minhas ovelhas a vida eterna." O Filho do homem veio não apenas para que tenhamos vida, mas para que a tenhamos em abundância. Suplique pelas promessas, irmão; suplique pelas promessas; e, ao suplicar por elas perante o Senhor, você pode ter certeza de que Deus será tão bom quanto a palavra dele; e, se você puder suplicar pelas promessas, elas certamente serão cumpridas em sua vida.

Amados em Cristo, cuidem com ternura de sua vida espiritual, caso contrário vocês serão hipócritas quando orarem: "vivifica-me". Cuidado para não negligenciarem o alimento de suas almas. Não vão onde suas vidas estariam em perigo. Não busquem companhias mundanas, não se entreguem a diversões mundanas. Mantenham-se longe de todas as influências mortíferas do mundo o máximo que puderem. Vocês já viram a *Grotta del Cane* perto de Nápoles? Há um gás mortal no fundo, e eles pegam um cachorro e o jogam lá dentro, e quando o puxam para cima novamente, o cachorro parece que está morto; mas com a ajuda de um banho de água limpa, ele volta a si. Como eles matam o pobre cachorro meia dúzia de vezes por dia, não invejo sua experiência. Na verdade, prefiro pensar que, se eu fosse aquele cachorro, procuraria outro dono sem perda de tempo. No entanto, existem alguns cristãos professos que terão más companhias — irão ao encontro do gás nocivo da tentação — e então ouvirão um sermão e retomarão sua vida espiritual novamente. Eu aconselharia vocês a não ser como aquele pobre cachorro, mas a se manterem fora de perigo. Se vocês têm vida, façam o possível para mantê-la e não corram o risco da animação suspensa.

Conhecendo vocês mesmos o valor e a alegria da vida, orem sinceramente para que Deus a conceda aos outros. Olhem para os mortos em pecado, mas não com olhares endurecidos. Olhem para eles com lágrimas. Mesmo se eu soubesse que meus ouvintes devem estar perdidos, eu oraria a Deus para me ajudar a chorar por eles, porque as lágrimas de nosso Salvador sobre Jerusalém, vocês se lembram, foram acompanhadas de uma indicação clara de que Jerusalém seria destruída. "Ah! Se tu conhecesses também, ao menos neste teu dia, o que à tua paz pertence! Mas, agora, isso está encoberto aos teus olhos." Ainda assim Ele chorou. Não temos conhecimento tão terrível sobre o destino de qualquer pessoa. Olhamos com esperança para vocês, pessoas não convertidas, e as exortamos porque esperamos que creiam em Jesus. Confiamos sinceramente que vocês ainda serão salvos e, portanto, oramos por vocês com esperança. Que o Senhor, em infinita misericórdia, leve vocês a sentir pena de si mesmos e a orar por si mesmos: "Vivifica-me". Vocês sentem aquela oração brotando de sua alma? Ela sobe do seu coração? Então, já existe algo de vida espiritual ali. Creia no Senhor Jesus Cristo e você terá vida, pois aquele que disse: "Todo aquele que vive e crê em mim nunca morrerá", disse também:

"Quem crê em mim, ainda que esteja morto, viverá". Deus lhe dê aquela fé viva que é o símbolo da vida divina. A Ele seja a glória para todo o sempre! Amém!

5

AS ÁRVORES NOS ÁTRIOS DE DEUS

Os que estão plantados na Casa do Senhor *florescerão nos átrios do nosso Deus. Na velhice ainda darão frutos; serão viçosos e florescentes, para anunciarem que o* Senhor *é reto; ele é a minha rocha, e nele não há injustiça.*

Salmos 92:13-15

ESSES versículos ocorrem no final de um salmo para o sábado, sobre o qual repousa uma glória sabática de calma perfeita, de paz santificada. Em meio aos negócios e à agitação da vida diária, o grande problema para o salmista era a prosperidade dos ímpios, mas isso não o incomodava nem um pouco quando ele entrava no santuário para guardar o dia sagrado. Ao fazê-lo, ele olha para os ímpios que prosperam no mundo como grama florida em sua beleza, e os vê cortados e totalmente destruídos. E é verdade que um salmo para o sábado deve ser calmo e pacífico, sem névoas e com um longo alcance. Se em algum dia vemos as coisas em sua luz correta e nossa visão se estende mais longe do que em outras ocasiões, certamente deve ser no dia de descanso sagrado. Conheço um amigo que desejava alugar uma casa em Newcastle.[1] Ela ficava em um lugar alto, e o proprietário, que desejava tê-lo como inquilino, levou-o ao sótão da casa e disse:

— Que vista há desta janela! Você sabia — disse ele — que aos domingos você pode ver a Catedral de Durham?

— Aos domingos! — disse meu amigo, com ar de surpresa — E por que não nos outros dias?

— Bem — disse o proprietário —, aos domingos há menos fumaça e você pode ver mais longe.

E, como é no mundo natural, assim deveria ser sempre no espiritual: menos da fumaça deste mundo, menos da poeira e dos cuidados da vida e, portanto, uma visão mais clara das coisas que estão além, que Deus revela aos olhos espirituais. Leia e entoe esse salmo com frequência, e que seu coração esteja constantemente naquele doce estado de repouso.

Davi, tendo aqui deixado de lado esse problema que ele tantas vezes traz nos salmos — a prosperidade frequente dos ímpios, pois eles exultam em poder e se espalham como um louro verde, enquanto os justos são atormentados o dia todo e castigados a cada manhã —, fala sobre a deliciosa condição do homem e da mulher de Deus e os descreve como uma árvore plantada nos átrios da casa do Senhor, crescendo, florescendo e dando frutos mesmo na velhice. É sobre isso que vamos falar agora, e chamaremos sua atenção para

---

[1] Cidade no norte da Inglaterra, conhecida antigamente por ter muitas indústrias e ser bastante poluída.

o plantio das árvores, a promessa de que florescerão, a fertilidade contínua que exibem e a prova conclusiva que mostram da fidelidade de Deus. "Os que estão plantados na Casa do Senhor florescerão nos átrios do nosso Deus."

I

O PLANTIO. Soa estranho para vocês ouvirem falar de plantar uma árvore em uma casa e de seu florescimento em átrios; mas lembre-se de que uma casa no Oriente é uma espécie de quadrilátero. É um edifício de quatro lados, com o meio aberto para o céu, e geralmente há um pequeno jardim, no qual uma palmeira, ou uma oliveira, ou alguma outra árvore perene (pois eles geralmente preferem esse tipo) será encontrada plantada: portanto o que parece estranho para nós — uma árvore plantada em uma casa — não era estranho para Davi ou para qualquer outra pessoa que vivia na cidade de Jerusalém. E é uma figura muito bonita — o estar plantado dentro dos quatro átrios da casa de Deus, para que possamos crescer bem no meio do lugar onde Ele se digna habitar com sua família.

O que, então, é estar plantado? Bem, somos plantados na casa de Deus em dois aspectos. Primeiro, na regeneração, quando nascemos dentro de sua família; e em segundo lugar, em nossa profissão de fé, que deve ser pelo batismo, quando somos publicamente trazidos para dentro de casa e plantados na semelhança da morte de Cristo para sermos sepultados, segundo seu mandamento, na água.

Somos realmente plantados nos átrios da casa do Senhor pelo novo nascimento. Então nos tornamos filhos de Deus, pois "a todos quantos o receberam (isto é, aquele que é o Verbo Divino, a verdadeira Luz, o Salvador) deu-lhes o poder de serem feitos filhos de Deus: aos que creem no seu nome, os quais não nasceram do sangue, nem da vontade da carne, nem da vontade do varão, mas de Deus". Todo ser humano, no mundo inteiro, que nasceu do Espírito Santo está realmente plantado na casa do Senhor. Mas isso se torna manifesta e visivelmente assim ao confessarmos ao mundo esta graça interior e espiritual, pois o Senhor, por meio de Paulo, assim disse, vocês sabem: "Aquele que com seu coração crer, e com sua boca fizer confissão, será salvo", então, quando venho para me juntar ao povo de Deus e peço para ser admitido em sua comunhão — quando venho à mesa do Senhor com eles e publicamente me considero um dos servos do Mestre —, então sou publicamente plantado na casa do Senhor.

Bem, sendo esse o fato, vamos seguir a figura um pouco mais de perto.

Plantar implica, primeiro, que foi feito algo por nós que não poderíamos fazer por nós mesmos. Uma árvore não pode plantar a si mesma. Existem árvores que semeiam a si mesmas, mas não são mencionadas no texto. São "os que estão plantados na casa do Senhor". E você sabe, há uma necessidade de que haja uma obra de graça em nossas almas, que virá não de nós mesmos, mas claramente de Deus, pois "toda planta que meu Pai celestial não plantou será arrancada". Ela não pode plantar a si mesma e, se pudesse, deveria ser arrancada, porque não seria plantada pelo Pai celestial. Isso deve ser realizado em nós, a fim de estarmos verdadeiramente nos átrios da casa do Senhor, uma obra de graça infinitamente além do poder da vontade ou de todo o poder que habita na natureza humana. Devemos, de fato, ser criados novamente. Devemos nascer de novo.

A obra realizada em nós deve ser tão grande quanto a que foi realizada no corpo de Cristo quando Ele ressuscitou dentre os mortos. O poder eterno e a deidade do Espírito divino devem manifestar a plenitude de sua força para ressuscitar você de sua morte no pecado, caso contrário, você será como galhos secos e pedaços de madeira jogados fora, mas nunca será uma árvore plantada, feita para viver e crescer nos átrios da casa do Senhor. Para sermos plantados, algo deve ser feito por nós.

Isso implica, também, que deve haver uma grande mudança em nossa condição, pois uma árvore plantada cresceu em outro lugar. Tem que atingir uma certa altura no viveiro, e depois é plantada onde deve ser fixada permanentemente. Assim deve ter sido no Oriente. A árvore cresceu em outro lugar. Depois de um tempo foi desenterrada, suas raízes foram soltas, foi retirada do lugar onde costumava ficar. Muitas raizinhas tenras perderam seiva, e então a árvore foi carregada e colocada em outro lugar, e assim, de fora do átrio, passou a estar dentro do átrio da casa do Senhor. Portanto, irmãos e irmãs, para atendermos à condição descrita no texto, devemos ter sido desenterrados e transplantados. Isso significa ter passado por uma grande e maravilhosa mudança. Estamos conscientes disso? Sabemos que somos novas criaturas em Cristo Jesus? Se você é o que sempre foi, você é o que eu oro para que não seja sempre; mas se você é novo, mudado, transformado ou, para voltar ao texto, transplantado, então eu confio que você pode continuar a prosperar de acordo com a promessa: "Os que estão plantados na Casa do Senhor florescerão nos átrios do nosso Deus".

Ah! Esse negócio de transplantar costuma ser muito doloroso e, enquanto é feito, quase pensamos que seremos destruídos. Que ansiedade isso causa; mas como a planta pode saber porque está sendo tirada pelas raízes? Talvez ela imagine — ou melhor, se tivesse algum intelecto, imaginaria — que foi levada para ser destruída; assim como quando a lei colocou uma grande pá em nossas raízes e começou a soltar todo o nosso solo ao nosso redor, pensamos: "Agora seremos cortados". Mas não fomos; nós fomos transplantados do campo da natureza para o jardim da graça. Bendito seja Deus, sabemos o que isso significa.

Termos sido plantados significa não apenas que algo foi feito por nós que não poderíamos fazer por nós mesmos, e que uma grande mudança ocorreu em nossa condição, mas implica que há vida dentro de nós. Suponho que, se dissermos *plantar um poste* ou *plantar uma pilastra*, dificilmente estamos usando uma linguagem correta. Plantamos algo que contém vida e não consideramos que uma coisa foi plantada a menos que seja uma coisa viva. Certamente a promessa do texto não poderia ser cumprida para ninguém, exceto para uma árvore viva, pois é dito: "Os que estão plantados florescerão e darão frutos". Deus não pretende ter tocos mortos em seus átrios.

> Aquele pequeno jardim cercado.
> Escolhido e feito um terreno particular,
> Aquele pequeno lugar pela graça fechado
> Fora da floresta agreste do mundo está...

Não se destina a ser ocupado por árvores mortas. Se houver tais nele, Deus virá e dirá: "Corte-a! Por que deixá-la entulhando o chão?". É uma árvore viva que Ele deseja ter ali. Amado, você está consciente de uma vida interior? Existe dentro de você outra pulsação além daquela que indica a vida natural, a pulsação do forte desejo e amor a Deus? Existe dentro de você o arfar de outra respiração além daquela que mantém corpo e alma juntos? Existe o sopro da oração que mantém a alma e Deus juntos, e assim mantém o ser humano na vida espiritual? Você está vivificado? Já foi soprado em suas narinas o sopro da vida de Deus? Existe dentro de você a semente incorruptível que vive e permanece para sempre? O povo de Deus é um povo vivo, e se não conhecemos a vida de Deus, não conhecemos Deus de forma alguma. Deve haver uma vida em nós.

E então, para completar a figura, parece-me que o fato de termos sido plantados implica que nós mesmos nos apropriamos do solo no qual fomos colocados. Uma árvore devidamente plantada, para florescer, começa a lançar suas raízes — para sorver a umidade, para selecionar da terra ao seu redor aquelas porções que são adequadas para a vida vegetal.

Agora, amado, você está tão incorporado à Igreja de Deus a ponto de ter se apegado à comunhão dos santos e efetivamente se apropriado da cidadania dos fiéis discípulos de nosso Senhor? Você está buscando a verdade vital para sustentar a vitalidade de sua alma? Você lança as raizinhas do seu desejo nas ordenanças para buscar o que Deus preparou para você? Existe em você uma seiva viva fluindo, a seiva que está sendo alimentada pelo que você extrai do solo em que Deus o colocou? Com certeza você sabe o que isso significa. Os domingos costumam ser momentos para você se alimentar, e suas visitas ao Senhor em oração estão criando momentos para o seu espírito; e quando você busca a palavra de modo privado, e quando o Espírito Santo se comunica com você no seu íntimo em sua tranquila privacidade — sim, e quando, mesmo no meio dos negócios, sua alma exala seus rápidos clamores para o céu, então isso são as raízes de sua alma agarrando-se a Cristo e extraindo dele o elemento vital de que você precisa. Você é da espécie certa, se for esse o caso, e florescerá nos átrios de nosso Deus.

Veja, então, a figura e o que significa esse plantio na casa do Senhor.

II

Agora, em segundo lugar, ESFORCEMO-NOS PARA APOSSARMO-NOS DA PROMESSA. "Os que estão plantados florescerão." Eles podem muito bem "florescer". Estejamos certos de seu bem-estar.

Eles florescerão porque Deus disse que eles florescerão. Suas promessas certamente serão cumpridas. Se Ele plantar uma árvore, fará com que ela floresça. Parece haver muito contra o cristão, muitos perigos aos quais ele está exposto quando é plantado inicialmente. De fato, no começo da infância da vida cristã, passamos por um mundo de provações. Tal era a nossa fraqueza, e tal a nossa exposição à atmosfera sombria deste presente mundo mau, que todas as forças contrárias estavam contra nós. Mas não há forças contrárias para Deus. O que Ele planta certamente criará raízes. Se Ele diz que florescerá, florescerá. Satanás pode tentar arrancar, as raposas podem tentar estragar as vinhas, pode haver ventos frios, pode haver longas secas, o sol pode tentar molestar durante o dia e a lua, à noite, mas Deus prometeu que florescerá, e florescerá; por isso convido vocês, cristãos jovens, a ter muita esperança. Certifiquem-se de que vocês estão bem plantados, e então vocês podem ter certeza de que realmente florescerão. Deus, que se agradou em lhes dar graça, concederá a vocês mais graça e, então, mais graça — graça sobre graça —, graça para cada exigência e para cada emergência. Conforme suas necessidades surgirem, serão supridas. À proporção que vocês requerem saúde espiritual, ela será concedida se a buscarem nas mãos dele, sabendo que está à disposição de vocês. Você não será um cristão faminto — uma espécie de esqueleto vivo de alguém que crê, mas você florescerá; você será sereno, feliz, forte, útil. Coloque seu coração nisso e peça ao Senhor para fazê-lo prosperar, florescer e frutificar. Sua folha não murchará, e Ele o fará prosperar, se você estiver plantado nos átrios do Senhor.

Alguns de vocês, talvez, sejam cristãos que receberam a palavra com alegria e creram para a salvação de suas almas, e até agora parecem estar nos átrios da casa de Deus, mas nunca se uniram à Igreja, ou fizeram uma profissão de sua fé, que, embora possa ser muito sincera, não é muito visível. Como, no entanto, você não participou de todo o plantio, não pode razoavelmente esperar realizar todo o florescimento. Gosto de saber que me entreguei totalmente ao Senhor segundo o seu mandamento; não tendo apenas abraçado uma parte do evangelho, mas todo ele. Quando alguém procurou obedecê-lo em sua totalidade, então pode ir a Ele e esperar ter a promessa em sua totalidade também. Se vocês forem totalmente cristãos plantados na casa dele — não apenas no jardim dele, mas em sua casa —, então vocês florescerão, pois têm a promessa de que assim será. E vocês podem florescer bem, por causa da qualidade do solo. Eles têm certeza de que têm um bom solo no pequeno jardim fechado pela casa. Pode ser rochoso lá fora, mas quando um homem constrói as quatro paredes de sua casa no Oriente, geralmente aproveita todo o solo que está no meio, que pode ser muito ruim e pobre, mas então ele trouxe em cestos o solo mais rico que se pode obter, pois deve haver uma boa árvore no meio de sua casa. Não adiantaria olhar para fora, ou melhor, olhar para dentro, e ver uma arvorezinha raquítica, quase morta. Não, procura-se o melhor solo que se pode obter, e aqueles que estão plantados na casa do Senhor estão plantados no melhor solo possível. Eles estão plantados onde os meios da graça existem em abundância. Estão plantados onde os cristãos ajudam uns aos outros com comunhão mútua. Estão plantados onde as ordenanças do evangelho são desfrutadas livremente por todos os que ali habitam. Estão plantados onde o Espírito Santo prometeu habitar. Estão plantados onde a palavra de Deus não volta vazia. Estão plantados onde os olhos e o coração de Cristo repousam perpetuamente. Estão plantados na Igreja dele — a Igreja que Ele redimiu com seu sangue mais precioso. O solo é bom; eles devem florescer, e irão.

Eles estão plantados de uma maneira protegida. Vocês sabem que as árvores, mesmo que tenham um bom solo, às vezes não se desenvolvem bem por terem um aspecto frio do norte. Elas até podem ser bastante queimadas pela geada, mas uma árvore plantada bem no meio do átrio, cercada pelos muros, está protegida. Há o calor natural da casa ao seu redor, e ela está protegida daquilo que outras árvores na vinha ou no jardim externo podem ter que suportar. Oh, como alguns de nós ficam protegidos desde nossa primeira profissão de fé. Sei que posso falar com alguns aqui que começaram a vida cristã em uma classe na escola dominical, na qual um professor amoroso cuidava de seus interesses espirituais. Há outros de vocês que começaram sua vida cristã no meio de uma igreja afetuosa e sincera. Assim que vocês foram vistos como membros, dois ou três amigos acompanharam vocês e fizeram tudo o que podiam para encorajá-los, orientá-los e se solidarizar com vocês. Sempre que eles puderam observar um pouco de indiferença ou um desviar em suas maneiras, cuidaram de vocês como uma mãe ansiosa por seu filho, vocês foram cuidados com tanto carinho por aqueles que zelavam por suas almas. E vocês certamente não podem esquecer como, aos domingos, a palavra de Deus tem sido um refúgio maravilhoso para vocês. Quando seus pés quase escorregaram, houve a própria palavra para sustentá-los. Quando vocês se sentiram desanimados, houve uma promessa para encorajá-los. Quando vocês estavam prontos para voltar atrás, houve uma exortação que os encorajou mais uma vez a seguir em frente; e assim vocês viveram dentro de quatro paredes. O frio não poderia chegar até vocês. Vocês mal tiveram o suficiente do frio do mundo para lhes causar algum dano. O sol quente da justiça foi refletido sobre vocês, não apenas veio diretamente sobre vocês pelo favor divino, mas foi refletido sobre vocês com grata compaixão pelas paredes da casa do Senhor, na qual vocês foram plantados. Vocês sabem que tem sido assim. É de se admirar que vocês floresçam? Às vezes, é um pouco surpreendente que vocês não floresçam mais e não produzam mais frutos; pois o que mais Deus poderia fazer do que Ele fez por alguns de vocês que foram plantados em sua casa? Vocês não são como uma vinha em uma colina muito frutífera, que Ele cercou e murou, e na qual colocou um lagar, e a qual regou todas as manhãs e, para que ninguém a danificasse, guardou noite e dia? Quão amargas são as uvas, e quão poucos cachos servem para o Grande Viticultor colher, ninguém sabe melhor do que vocês. No entanto, elas devem florescer, porque estão plantadas em bom solo e porque são colocadas sob proteção.

Ainda assim, podemos atribuir uma razão melhor pela qual eles deveriam florescer. É porque eles estão bem perto do lavrador. "Meu Pai é o lavrador", diz Cristo. Os que estão plantados na casa do Senhor estão plantados na casa do lavrador.

Parece-me que ouço alguém dizer: "Não me admiro que tal videira floresça, porque, veja, o Grande Viticultor, que entende tudo sobre ela, a tem na parede de sua própria casa. Ele a vê todas as manhãs e, claro, dá uma atenção muito especial a ela". Mal sabemos você e eu, amados, que atenção especial Deus tem dado a nós, pessoal e individualmente. Oh, há alguns de nós para quem o Senhor há muito costuma olhar com ternura, mas com ciúmes. Se Ele viu algum erro em nós, Ele se afligiu e sentiu: "Devo deixar isso de lado". Quando Ele nos vê ficando um pouco frios, imediatamente começa a nos despertar, pois Ele nos amou demais para nos deixar expostos até mesmo a uma pequena doença espiritual. Ele disse algumas vezes: "Aí está meu servo, e ele ficará orgulhoso de seu serviço ou de seu sucesso, devo abatê-lo". Olhares altivos e pensamentos arrogantes são uma abominação aos olhos dele. Em outra ocasião, Ele disse: "Fulano está crescendo em patrimônio; ele terá uma mentalidade mundana. Devo tirar alguns de seus bens mundanos para que ele possa levar mais em conta seus tesouros acumulados no céu e colocar seu coração mais em mim". O Senhor seu Deus é um Deus ciumento. Onde há amor, muitas vezes há uma sensibilidade que desperta o ciúme. A grandeza do amor de Deus o torna muito zeloso e muito ciumento em relação a nós. Se Ele vê aqueles a quem ama muito com a menor coisa má sobre eles, Ele é rápido em notar e pronto para expurgar. Vocês sabem que não gostam de ver uma mancha no rosto de seu querido filho. Vocês a lavarão o mais rápido possível. Assim o Senhor purificará seu povo, tanto por fora como por dentro. O cuidado e os problemas que Ele teve conosco, como já disse, nenhum de nós pode dizer. Devemos produzir frutos, para o benefício do lavrador, para a glória de Deus. Os ramos que dão frutos Ele limpa. Aqueles que não dão bastante fruto, Ele os deixa bastante em paz. Se houver alguém que dê muito fruto, essa pessoa terá muita provação, porque, podá-lo, dará lucro ao viticultor. Alguns galhos, mesmo sendo podados, não darão lucro. Eles nunca farão mais do que estão fazendo, e assim ficarão, e assim são deixados para provar sua fraqueza; mas aqueles cuja poda dá lucro, serão podados repetidas vezes. E, verdadeiramente, quando o homem ou a mulher de Deus está em seu juízo perfeito, bendirá ao Senhor pela honra que Ele coloca sobre tal pessoa quando a aflige com o objetivo de torná-la ainda mais útil. Este é cada vez mais o desígnio de nosso Senhor. Ele não diz que nunca perecerão aqueles a quem Ele protege e sustenta, segurando-os em suas mãos? Mas, como eles não podem florescer se se tornarem madeira, Ele certamente usará sua faca para cortar este novo broto e aquele novo broto, porque não é uma madeira frutífera, e Ele a tira e deixa a videira em tal condição que dará bons frutos no devido tempo. Eles florescerão, e muito bem, quando estiverem bem próximos das mãos do Grande Lavrador.

 Agora, se algum de vocês não está florescendo, embora esteja plantado na casa do Senhor, tenho certeza de que não é por falha divina. Que os tais perguntem a Ele, e perguntem a si mesmos o motivo, e vão a Ele em oração, e digam: "Bom Senhor, estou plantado em tua casa: faze-me florescer de acordo com a tua palavra".

III

Bem, agora, quanto à CONTINUAÇÃO DESTE FLORESCIMENTO, nosso terceiro título está cheio de consolação. "Na velhice ainda darão frutos; serão viçosos e florescentes."

Há algumas árvores que começam com um rápido crescimento e logo param; e há algumas que prometem muitos bons frutos, mas as flores não se desenvolvem, portanto, não produzem frutos no devido tempo. Mas aqueles a quem Deus planta e a quem Ele faz florescer produzem frutos e continuam a produzi-los até a velhice. Durante toda a sua juventude e toda a sua vida adulta, eles continuam frutíferos e, então, produzem frutos quando seus anos diminuem e seus dias estão contados. Quando outros estão com as folhas secas e amarelas, então os frutos deles estão maduros e suculentos. Quando outros estão envelhecendo, eles estão amadurecendo. Eles estão ficando mais doces, melhores, mais santos, enquanto outros não estão crescendo. Eles darão frutos na velhice — aquela época em que não se espera muitos frutos —, quando as forças falham, quando o poder de fazer planos parece ter desaparecido e a capacidade de realizar o que é planejado tornou-se muito pequena. "Na velhice ainda darão frutos." Esta não é apenas uma promessa animadora, mas é um fato muito gratificante que o povo de Deus produz frutos na velhice. São frutos muito saborosos que alguns produzem. Sim, procuramos o melhor fruto nos santos mais velhos. Que fruto, então — você perguntará —, eles produzem?

Bem, há o fruto do testemunho. Lembro-me claramente de ter ouvido um ministro idoso cego falar sobre a bondade do Senhor, quando eu tinha dezesseis ou dezessete anos, e o encorajamento que ele me deu nunca se afastou de mim. Um jovem não poderia ter feito isso, porque não teria tanta experiência; mas o peso dos anos, e mesmo das enfermidades, tornou o testemunho daquele respeitável cego muito, muito significativo para minha alma. "Na velhice ainda darão frutos." Bendito seja o nome do Senhor! Posso falar da bondade do Senhor para comigo nestes vinte e cinco anos ou mais, desde que o conheci; mas pense em uma pessoa que pode falar de cinquenta anos, e há alguns filhos de Deus que podem fazer isso. Há uma irmã que é membro desta igreja há setenta anos, e ela pode dizer como o Senhor tem sido bom para ela. E o fruto está mais maduro. Há uma força cumulativa de evidências, porque se algo é verdadeiro há cinquenta anos, e uma pessoa o testou de todos os tipos, formas, maneiras, modos, condições e circunstâncias por todo esse tempo, bem, quem pode contestar isso? Deve ser assim, e você sente que o testemunho é um fruto bendito da velhice.

Os santos produzem frutos em termos de sabor quando envelhecem. Muitos jovens ministros podem recitar algumas das verdades do evangelho com muita facilidade; mas se você quiser provar a doçura, sentir a unção, apreciar o sabor, você deve ouvir alguém que tenha uma longa e profunda experiência. Tem que ser desse jeito. Há uma suavidade inimitável no cristão que envelheceu no serviço de seu Mestre. Se você quiser ouvir falar do mar, fale com um marinheiro veterano. Se quiser ouvir sobre guerras, fale com um soldado veterano que esteve em batalha e sentiu cheiro de pólvora, e sabe o que é ter perdido uma perna. Ele é o homem para lhe contar tudo.

E assim, se você quer saber sobre as verdadeiras profundezas, a verdade, a vitalidade, o poder da religião, você não deve ir aos meninos: você deve ir àqueles que dão frutos na velhice, porque eles conseguem falar em voz alta da plenitude de sua alma. Não tivemos alguns nesta igreja — existem alguns ainda entre nós e outros no céu — que, toda vez que os ouvíamos falar, deixavam cair pérolas e diamantes enquanto falavam sobre o que o Senhor havia feito para eles? Quantas vezes o querido e velho senhor Dransfield nos eletrizou quando subia naquela plataforma e falava sobre a glória de Deus e a doçura da religião para sua própria alma. Você costumava pensar muito mais sobre isso porque ele era bastante idoso. Tenho certeza que sim. Era algo bom em si mesmo, mas ainda havia a idade do homem por trás disso; então, nesse caso, a idade deu um poder à experiência que ele transmitiu a vocês.

O cristão que envelheceu deve ter, e espero que muitas vezes tenha, o fruto da paciência. Depois de ter sofrido por tanto tempo e desfrutado das misericórdias de Deus por tanto tempo, ele deveria aprender a ser paciente. Certa vez, ouvi um bom cristão dizer que estava confessando uma falha. Ele disse: "Receio que o fruto da minha velhice seja a impertinência". "Não", eu disse, "isso não é fruto da sua velhice; é um fruto de sua velha natureza". Mas o fruto da velhice, onde há graça na velhice, deve ser a paciência. E oh! Que fruto alguns dos servos de Deus mostram por meio da paciência, na pobreza, na doença, nas enfermidades. Sentava aqui uma senhora idosa que não conseguia ouvir nada do que eu falava, mas ela sempre vinha porque achava que era um bom exemplo para os jovens de casa frequentar a casa de Deus. Sempre que eu falava com ela, havia um encanto em sua conversa, porque, embora ela fosse muito provada, ela nunca reclamava. Ela só conseguia bendizer o nome do Senhor por tudo. Você se lembra da história do doutor Hamilton sobre a pobre e velha Betty, que não podia fazer nada além de ficar deitada na cama e tossir, mas ela disse: "Bem, bendito seja o Senhor! Tudo o que o Senhor me disse para fazer, tentei fazer; e quando Ele disse: 'Betty, crie sua família', tentei criá-los no temor de Deus. Quando Ele disse: 'Betty, vá à casa de Deus e cante meus louvores', fiquei encantada em fazê-lo. E quando Ele disse: 'Betty, suba as escadas, deite-se na cama e tussa', bem, eu fiz isso, ela disse, e bendito seja o nome do Senhor por me permitir fazer isso, contanto que haja algo para ser feito para Ele".

Ora, a promessa é que, se estamos assim plantados, como descrevi, seremos capazes de produzir frutos na velhice. Tudo o que fazemos com um desejo sincero de glorificar a Deus, e tudo o que suportamos com paciência e quietude de acordo com a vontade divina, é fruto doce e gracioso. Podemos produzir esse fruto em nossa velhice.

Um dos frutos mais deliciosos que os cristãos produzem na velhice é a calma e serena confiança em Deus. John Bunyan descreveu isso em seu livro *O Peregrino*, na bela imagem da terra de Beulá. Não me oporei a ter uma cabeça grisalha e olhos como lâmpadas cujo óleo que se consome se esgota, ombros fracos e joelhos vacilantes, se eu puder chegar a Beulá. Vocês sabem que ele a descreve como uma terra que ficava à beira do rio, e tão perto do país celestial que os seres brilhantes frequentemente cruzavam o rio, e havia um cheiro penetrante de especiarias doces por toda a terra, porque ficava tão perto da cidade dos bem-aventurados que, quando o vento soprava naquela direção, espalhava as especiarias, e eles podiam, em lugares tranquilos da terra, ouvir frequentemente as canções dos seres brilhantes que vagavam por lá. Os habitantes estavam em perfeito descanso. A terra foi chamada de Beulá, porque o deleite de Deus estava nela. Os que nela habitavam chamavam-se Hefzibá, porque eram casados com o Senhor; e eles estavam sentados lá, muitos deles, perto da beira do rio, esperando até que uma mensagem chegasse do rei, pois os mensageiros do rei de vez em quando vinham ao país e diziam: "O cântaro está quebrado no poço. Levanta-te, meu amor, e venha". E assim, um a um, os beulaítas cruzaram aquele rio. Nas manhãs ensolaradas, eles costumavam atravessá-lo cantando: "Ó morte, onde está a sua vitória?". Bem, é essa perseverança paciente, essa espera silenciosa, essa confiança santa, essa antecipação divina, essa doce expectativa da glória vindoura, que é um dos frutos que os que creem produzem na velhice, e sempre que o vemos, valorizamos aquelas maçãs douradas, e ansiamos pelo tempo em que também as poderemos produzir.

Mas agora observe que o texto não fala da velhice meramente produzindo frutos, mas diz: "serão viçosos e florescentes", o que significa que os cristãos, em sua idade avançada, terão plenitude de sabor e vida neles. Conheci alguns cristãos, velhos e jovens, que foram gravetos muito secos, não viçosos e florescentes, certamente; eles tinham muito pouco sabor, muito pouca unção, embora tivessem dentes muito afiados para morder os jovens; eles eram muito críticos, muito prontos para olhar duramente para os jovens e fazer perguntas difíceis; e, se não conseguissem explicar uma parte difícil em toda a confissão de fé, diziam: "Ah, os jovens de hoje não são como no meu tempo". Conhecemos alguns desse tipo. Mas quando eles estão plantados na casa de Deus, e Deus os faz florescer, eles ficam cheios do suco do amor; eles estão cheios de bondade e gentileza cristãs; eles estão cheios de vida; eles estão cheios de vigor real — não o vigor da carne, mas o vigor do Espírito; e eles amam o Senhor e deleitam-se nele, e deleitam-se em ajudar os jovens e em incentivá-los nos caminhos do Senhor. Oh, eu gosto de ver um idoso tão viçoso e florescente.

E acrescenta-se que, além de serem viçosos, são florescentes. Isso significa que o cristão idoso terá uma cor verde especial. Esse florescimento significa a sua profissão de fé; e quão delicioso é o professar ser cristão em idade avançada. Não quero com isso dizer que algumas pessoas se apegam excessivamente ao pastor que ouvem há muitos e muitos anos. Uma senhora costumava dizer que gostava de ouvir o velho ministro mais do que a qualquer outra pessoa. "Bem", eles disseram, "mas ele está ficando muito fraco". "Oh, disse ela, mas então eu me lembro do que ele costumava ser, e eu preferiria vê-lo apenas balançar sua cabeça do que ouvir qualquer outra pessoa pregar." E não tenho dúvidas de que, embora isso se torne uma enfermidade e loucura, há algo louvável nisso, porque você se lembra dos tempos e épocas em que o Senhor refrescava sua alma por meio dele: e há uma glória moral em uma pessoa quando se olha para aquele que tem, digamos, cinquenta anos, vivendo e trabalhando de modo árduo como um cristão que professa publicamente sua fé, sem uma mancha em sua reputação — nem uma mancha em seu caráter. Ora, os jovens dizem: "Louvado seja Deus! Se Ele o manteve firme, por que Ele não me manteria; e se o Senhor o sustentou em muitas provações, por que Ele não me sustentaria?". Não é o que a pessoa diz; é a pessoa que assim o diz que dá força a tudo o que diz. É o que você sabe que está por trás da voz; é a experiência da bondade do Senhor; é a conduta honrosa de muitos anos que Deus permitiu que ele evidenciasse e mostrasse aos outros, pela graça abundante que estava dentro dele, que prega em timbres mais altos do que a voz mais refinada pode articular.

Ora, minha oração é para que cada jovem aqui — e estou feliz em ver tantos jovens — procure estar um dia entre os idosos cuja profissão de fé será a própria força da igreja, por causa dessa consistência. Não direi a meus irmãos mais velhos — porque o Senhor lhes dirá — que eles devem se lembrar de que tipo de pessoa devem ser, visto que Deus tem sido tão gracioso com eles todos esses anos.

IV

Termino com meu quarto ponto, que é A MANIFESTAÇÃO QUE FORNECE PROVA CONCLUSIVA DA FIDELIDADE DIVINA. "Para anunciar que o SENHOR é reto." Essas boas pessoas devem produzir frutos e ser viçosas e florescentes, com o propósito de manifestar diante dos olhos de todos que "ele é a minha rocha, e nele não há injustiça".

"Que o SENHOR é reto." Bem, como a frutificação de um cristão idoso mostra isso? Ora, isso mostra que Deus cumpriu sua promessa. Ele prometeu que nunca os deixaria nem os abandonaria. Se vê nisso. Ele prometeu que, quando estiverem fracos, serão fortes. Se vê nisso. Ele prometeu que, se o buscarem, nada de bom lhes faltará. Se vê nisso. Ele lhes prometeu: "O seu pão lhe será dado, e as suas águas serão certas". Ouça o que eles têm a dizer e você verá. Ele disse: "Até às cãs, eu serei o mesmo; eu vos fiz e vos carregarei; levá-los-ei como nos dias antigos". Aí está. Pergunte a eles. Se vê nisso.

Colocamos "Q. E. D."² no final de uma proposição quando ela é provada. Então você pode anotar isso no final do problema da vida. Deus é bom para o seu povo. O idoso se levanta e diz: "Verdadeiramente Deus é bom para Israel. Se você pudesse ouvir minha história, você a veria diante de seus olhos e ela mostraria que o Senhor é reto".

Além de o Senhor cumprir suas promessas, Ele é bom e generoso para com seus servos. Sempre considerei uma coisa vergonhosa e impiedosa deixar sem assistência alguém que esteve a seu serviço desde a juventude quando envelhecer. É uma das coisas que se tornou mais comum no presente do que nos tempos antigos: expulsar empregados idosos. Já que você teve o melhor de suas vidas — o vigor de seus corpos —, mantenha um teto sobre suas cabeças; conceda-lhes uma pensão, ou pelo menos um ordenado mínimo; forneça-lhes um pouco de comida até que morram. Acho que é justo que um empregado idoso, um empregado fiel, deva ser assim tratado. Você sabe como Davi diz isso: "Ensinaste-me, ó Deus, desde a minha mocidade; e até aqui tenho anunciado as tuas maravilhas. Agora, também, quando estou velho e de cabelos brancos, não me desampares, ó Deus". Não é provável que Ele o fizesse, não é? Que Deus seria Ele, se afastasse seus servos idosos! Você se lembra do amalequita que tinha um mestre que era egípcio, e o mestre o deixou morrer, e Davi o encontrou. Ah, bem, é assim que os mestres egípcios fazem, mas não é assim que o nosso Mestre faz. Tu não me deixarás ou me abandonarás quando minha idade e minhas

---

² Iniciais da frase em latim *quod erat demonstrandum*, que significa "o que era para ser demonstrado". Geralmente, coloca-se no final de publicações de problemas matemáticos e de argumentos filosóficos para indicar o final.

enfermidades se multiplicarem sobre mim. Quando estes olhos escurecerem, tu olharás para mim; quando outro me vigiar e me levar para onde eu não quero, tu ainda serás meu amigo e me ajudarás, e colocarás teu dedo sobre minhas pálpebras enquanto eu as fechar na hora da morte. É a um Deus fiel que servimos, e Ele mantém seus servos vivos em sua velhice para que possam mostrar que Ele é um Deus fiel e reto.

Agora, Davi acrescentou no final: "Ele é a minha rocha, e nele não há injustiça". Quero que cada um de meus amigos idosos acrescente seu "amém" a esta frase e confirme com seu selo de que Deus é verdadeiro. Apresentem-se como testemunhas, atestem o documento enquanto ele está sendo escrito, registrem seus nomes e digam: "Eu dou testemunho disso". Pelo menos eu quero que vocês, no silêncio de seus corações, venham e digam: "Sim, eu posso testemunhar". Davi diz: "Ele é a minha rocha". Meus irmãos idosos, vocês podem dizer: "Deus é a rocha sobre a qual minha esperança está fundada — meu alicerce, e Ele nunca falhou. A rocha nunca tremerá, nunca se moverá, nunca cederá. Ele é a rocha que me defende — a 'rocha eterna, que para mim se abriu'. Escondi-me nele e estou seguro. Ele é a rocha em que habito. Eu moro nele e vivo nele, e encontrei nele meu castelo e meu alto refúgio. Ele é uma rocha que nunca muda". Vocês podem dizer isso, irmãos? Ele nunca mudou — nunca. Ele é sem "mudança, nem sombra de variação". Toda boa e perfeita dádiva recebi dele. Dê testemunho disso. Isto é o que se deseja nesta era: que você testemunhe que Deus é uma rocha, firme, forte, fiel, imutável — a defesa de seu povo.

E "nele não há injustiça". Gostaria que você testemunhasse isso. Você teve alguns problemas graves. Você já teve mais do que deveria? Você teve muitas perdas. Você realmente perdeu alguma coisa por ser um cristão? Você foi muito humilhado. Você já foi deixado e completamente abandonado? Você passou pelo fogo e pela água, mas o fogo o consumiu? A água o afogou? Se vocês, os antigos servos dele, têm algo a dizer contra Deus, vamos ouvir. Não, mas quanto mais velho o povo de Deus fica, mais ele o louva; e uma das razões pelas quais tenho certeza de que Deus deve ser um Deus bom é que sempre descubro que todos os seus servos desejam colocar seus filhos na mesma casa, na mesma família. Uma pessoa não é maltratada por seu mestre quando diz: "Meu desejo é que meu filho siga os meus passos". Oh, posso falar bem de meu Senhor e Mestre em tudo o que Ele já me deu para fazer, mas é a alegria de minha alma pensar que meus filhos deveriam me seguir no amor de Cristo e na pregação do evangelho. Nós, pessoas mais jovens, mas que já passamos por muitas mudanças, podemos dizer: "Ele é o meu Senhor e nele não há injustiça. Não, nenhuma falha nele — nenhuma grosseria, nenhuma infidelidade, nenhum esquecimento, nenhuma palavra irada, nada que não seja cheio de amor. Ele disse: "Jurei que não me irarei mais contra ti, nem te repreenderei", e cumpriu sua promessa; e até agora não podemos descobrir mácula, mancha ou falha em todos os atos de sua providência. Embora às vezes tenham sido misteriosos, sempre estiveram certos: bendito seja o seu nome para todo o sempre.

Oh, quem não gostaria de estar plantado nos átrios de um Deus como esse, para ser mantido até a velhice e ser abençoado com tais bênçãos indescritíveis para todo o sempre? Deus conceda a todos vocês que sejam chamados "árvores de justiça, plantação do Senhor", para que Ele seja glorificado.

6

O CÁLICE TRANSBORDANTE

O meu cálice transborda.

SALMOS 23:5

O SALMO culmina nessa frase. O poeta não pode chegar mais alto. Ele se esforçou para expressar a bem-aventurança de sua condição, tendo o Senhor como seu pastor, mas depois de todos os seus esforços, ele está consciente do fracasso. Seu soneto não atingiu o ápice do grande argumento, nem sua alma, embora dilatada pela gratidão, foi capaz de abranger as dádivas imensuráveis da graça e, portanto, maravilhado com as abundantes superfluidades da misericórdia, ele clama: "O meu cálice transborda." Em uma frase curta, mas muito expressiva, ele quase diz: "Não apenas tenho o suficiente, mas mais do que o suficiente; possuo não apenas tudo o que sou capaz de receber, mas herdo um excesso de alegria, uma redundância de bênção, uma extravagância de favor, uma prodigalidade de amor: o meu cálice transborda".

Não sabemos quando Davi escreveu esse salmo. Parece, no entanto, não haver período de sua vida em que ele pudesse ter usado essa expressão em referência puramente às suas circunstâncias materiais. Na juventude, foi menino pastor e guardava o rebanho de seu pai, e em tal ocupação houve muitas adversidades e desconfortos, além dos quais, parece ter sido objeto da antipatia de seus irmãos. Ele não foi criado no luxo, nem mimado com extravagâncias; sua vida foi difícil fora de casa e com difíceis provações dentro dela e, a menos que ele fosse profundamente espiritual e, portanto, encontrasse satisfação em seu Deus, ele não poderia ter dito: "O meu cálice transborda". Quando ele assumiu a vida pública e viveu na corte de Saul, chegando a se tornar genro do rei, sua posição era perigosa demais para lhe proporcionar alegria. O rei o odiou e procurou acabar com sua vida muitas vezes, e se ele não falasse da graça, e sim de circunstâncias externas, ele não poderia ter dito: "O meu cálice transborda". Durante o período de seu exílio, seus refúgios eram as tocas e cavernas das montanhas, e os lugares solitários do deserto, para onde ele fugia para salvar sua vida como uma perdiz caçada. Ele não tinha descanso para a sola do pé; sua sede pelas ordenanças da casa de Deus era intensa, e seus companheiros não eram capazes de lhe proporcionar consolo: certamente só poderia ter sido em referência a coisas espirituais que ele disse: "O meu cálice transborda". Quando ele se tornou rei de Israel, suas circunstâncias, embora muito superiores a qualquer outra que ele esperava alcançar, foram muito problemáticas por um longo período. A casa de Saul guerreou contra ele, e os filisteus, por sua vez, pegaram em armas; ele passou de guerra em guerra, e marchou de conflito em conflito. A posição de um rei é em si um lugar espinhoso, mas esse rei foi um guerreiro desde a juventude, de modo que, sem a graça de Deus e sem as excelentes bênçãos da aliança, ele não poderia nem mesmo no trono ter sido capaz de dizer: "O meu cálice transborda".

Em seus últimos dias, depois de seu grande pecado com Bate-Seba, seus problemas eram incessantes e quase partiram o coração do velho Davi. Você se lembra do clamor: "Meu filho Absalão, meu filho, meu filho Absalão! Quem me dera que eu morrera por ti, Absalão, meu filho, meu filho!". Esse foi o fim de um longo sofrimento por parte de seu indigno filho favorito; um sofrimento que foi precedido por muitos outros, dentre os quais, primeiro, um membro de sua família se afastou dos caminhos da retidão, e depois outro; isso nem mesmo encerrou o capítulo de suas adversidades, pois os problemas de seu coração foram aumentados até o fim, e o bom e velho Davi teve que dizer em seu leito de morte que, embora ele se alegrasse na fiel aliança divina, contudo, sua casa não era fiel a Deus como seu coração poderia ter desejado. Não podemos, portanto, pegar o texto e dizer: "Esta é a exclamação de um homem em circunstâncias tranquilas, que nunca foi provado; esta foi a canção de um predileto da providência divina, que nunca conheceu um desejo não satisfeito. Nem tanto. Davi era um homem com problemas; ele suportou o jugo em sua juventude e foi castigado em toda a sua velhice. Você tem diante de si não um Creso,[1] cuja copiosa prosperidade se tornou um terror; nem um Alexandre,[2]

---

[1] Creso (c. século VI a. C.) foi o último rei da Lídia, da dinastia Mermnada (585 a.C.-546 a.C.), filho e sucessor de Alíates. Era famoso por sua riqueza.
[2] Alexandre III da Macedônia, o Grande (356 a.C.-323 a.C.), foi rei do antigo reino helênico da Macedônia (336 a. C.-323 a.C.), sendo filho e sucessor de

cujas conquistas ilimitadas apenas estimularam novas ambições; nem mesmo um Salomão, cujo reinado foi de paz ininterrupta e de ganhos comerciais; mas você tem diante de si Davi, o homem que gritou: "Um abismo chama outro abismo, ao ruído das tuas catadupas; todas as tuas ondas e vagas têm passado sobre mim". Assim, o espiritual superou o natural, pois as consolações do filho de Jessé excederam suas tribulações, e mesmo em seus momentos mais atribulados houve períodos brilhantes de comunhão com o Senhor, nos quais ele disse alegremente: "O meu cálice transborda".

Pensemos em alguns cálices que nunca transbordam; e então consideremos: se o nosso transborda, por que isso acontece; e então, em terceiro lugar: e depois?

I

O CÁLICE DE ALGUMAS PESSOAS NUNCA TRANSBORDA. Muitos cálices até deixam de ser cheios porque são levados para a fonte errada. Tais são os cálices que são mantidos sob as gotas da cisterna furada do mundo. Os seres humanos tentam encontrar plena satisfação nas riquezas, mas nunca o conseguem. O rio Pactolo[3] não enche o cálice de ninguém; esse poder pertence exclusivamente ao rio cujas correntes alegram a cidade de Deus.

Filipe II. Foi um exímio general e é considerado um dos maiores conquistadores de todos os tempos. Foi o responsável pela difusão da cultura helênica em grande parte do Mediterrâneo e Ásia Central.

[3] Rio na antiga Lídia, atual Turquia. Antigamente possuía areias cheias de ouro, que eram a base da economia do antigo estado da Lídia. De acordo com a lenda, o rei Midas renunciou ao seu "toque dourado" lavando as suas mãos no rio, por isso suas areias eram auríferas.

Quanto ao dinheiro, todo mundo terá o suficiente quando tiver um pouco mais, mas o contentamento com seus ganhos não chega a ninguém. Os bens não são a verdadeira riqueza, nem o coração das pessoas fica mais cheio porque suas bolsas estão pesadas. Os seres humanos pensaram em encher seus cálices com as poças imundas do que chamam de "prazer", mas tudo em vão, pois o apetite cresce, a paixão se torna voraz e a luxúria, como uma sanguessuga, grita: "Dá! Dá!". Como as mandíbulas da morte e a boca do sepulcro, o coração depravado nunca pode ser satisfeito. Na poça poluída do prazer, nenhum cálice jamais foi cheio, embora milhares tenham sido despedaçados; é um licor cáustico que corrói o jarro e devora o vaso para o qual flui. Alguns tentaram encher suas almas com fama: eles aspiraram ser grandes entre seus semelhantes e usar títulos honrosos conquistados na guerra ou obtidos pelos estudos. Mas a satisfação não é criada pelo mais alto renome; você deve se voltar para as biografias dos grandes e perceber que, secretamente em seus corações, eles nunca obtiveram contentamento com os maiores sucessos que alcançaram. Talvez, se você tivesse que olhar para os verdadeiramente infelizes, seria melhor ir às Casas do Parlamento e aos palácios daqueles que governam as nações, do que em bairros pobres, pois a miséria terrível muitas vezes está completamente vestida de roupas caras, enquanto a agonia faz banquetes na mesa dos reis. Das fontes cintilantes da fama, nenhum cálice é enchido. Jovem, você está apenas começando na vida, você tem o cálice na mão e quer enchê-lo, deixe-nos avisá-lo (aqueles de nós que já experimentamos o mundo) que ele não pode encher sua alma, nem mesmo com o licor doentio e medíocre que ele oferece a você. Ele fingirá encher, mas nunca o fará. Há um desejo da alma que nunca pode ser satisfeito, exceto por seu Criador. Somente em Deus está a plenitude do coração, que Ele fez para si mesmo.

Algumas taças nunca são enchidas, pela excelente razão de que os que as carregam sofrem da grave doença do descontentamento natural. Todos os não convertidos não estão igualmente descontentes, mas alguns o estão intensamente. Você não pode encher o coração de alguém descontente mais do que pode encher um cálice com o fundo quebrado. Alguém satisfeito pode ter o suficiente, mas alguém descontente nunca pode; seu coração é como o Pântano da Desconfiança,[4] no qual milhares de vagões cheios do melhor material foram lançados, e ainda assim o pântano engoliu tudo, e não foi nada bom. O descontentamento é um brejo sem fundo no qual, se um mundo fosse lançado, estremeceria e se abriria para outro. Alguém descontente condena-se à mais terrível forma de pobreza, sim, ele se torna tão pobre que os rendimentos dos impérios não poderiam enriquecê-lo. Você é vítima do descontentamento? Jovens, vocês sentem que nunca conseguem estar contentes enquanto são aprendizes? Você está impaciente em sua posição atual? Acredite em mim, como George Herbert[5] disse sobre a renda de tempos passados: "Aquele que não consegue viver com uma pequena quantia por ano, não conseguirá viver com o dobro dela", então posso dizer: aquele que não está contente em sua posição atual, não ficará contente em outra, embora lhe dê dobro de ganhos. Se você acumulasse propriedades, jovem, até ficar imensamente rico, ainda assim, com o

---

[4] Ou Pântano do Desespero. É um lugar fictício no livro *O Peregrino*, de John Bunyan.
[5] George Herbert (1593-1633) foi um poeta, orador e sacerdote galês da Igreja Anglicana.

mesmo coração faminto em seu peito, ainda ansiaria por mais. Uma vez que o abutre da insatisfação fixou suas garras no seu peito, ele não parará de rasgar seus órgãos vitais. Talvez você não esteja mais sob os cuidados de tutores e de administradores, mas lançou-se à vida por conta própria e, no entanto, está descontente com a providência divina. Você sonhou que, se você fosse casado e tivesse seus filhinhos com você, e uma casa toda sua, então você ficaria satisfeito: e aconteceu, mas agora quase nada o satisfaz. A refeição fornecida hoje não foi boa o suficiente para você, a cama em que você se deitará esta noite não será macia o suficiente para você, o tempo está muito quente ou muito frio, muito seco ou muito úmido. Você quase nunca encontra algum amigo que lhe agrade: ou tal pessoa é muito ríspida e de temperamento rude, ou então ela é muito mole e não tem opinião própria; o tipo de pessoa de que gosta nunca se encontra: as grandes figuras estão todas mortas e as pessoas verdadeiras nesta geração são reprovadas. Alguns de vocês não podem ser agradados, vocês nunca se sentem bem até que tudo esteja errado, e são insuportáveis até que tenham pelo que resmungar logo de manhã, diariamente. Não há como contentar vocês. Conheço pessoas que, se estivessem no Paraíso, criticariam as clareiras do Éden e proporiam mudar os canais de seus rios e mudar a posição de suas árvores. Se a serpente fosse excluída, elas exigiriam liberdade para ela entrar e ficariam indignados com sua exclusão. Elas criticariam a música dos anjos, criticariam os querubins e se cansariam de vestes brancas e harpas de ouro: ou em último caso, elas ficariam zangadas com um lugar tão completamente abençoado que não lhes daria um canto para a indulgência de suas censuras maldosas. Para tais mentes inquietas, o cálice que transborda não está preparado.

Sabemos também de alguns cujo cálice nunca transbordará, porque são invejosos. Eles ficariam muito satisfeitos com o que têm, mas alguém tem mais, e eles, então, não podem suportar. Se eles veem outro em uma posição melhor na sociedade, desejam rebaixá-lo ao nível deles. Existem vícios peculiares aos ricos, mas esse é um dos defeitos mais comuns da pobreza. Agora, com certeza, amigo, se você acha sua própria sorte difícil de suportar, não pode desejar que outro a sofra também: se o seu caso for difícil, você deve ficar feliz que outros não sejam igualmente aflitos. É uma coisa feliz quando alguém se livra da inveja, pois então ele se alegra com a alegria dos outros; e com uma apropriação secreta, que está muito longe de qualquer coisa como roubo, ele chama de seu tudo o que pertence a outros, pois ele é rico em suas riquezas, feliz em sua alegria e, acima de tudo, feliz por ser salvo. Alguns de nós sabemos o que é duvidar de nossa própria salvação e, ainda assim, sentir que devemos sempre amar Jesus Cristo por salvar outras pessoas. Peço a você que expulse a inveja! O dragão verde é um hóspede muito perigoso na casa de qualquer um. Lembre-se de que ele pode estar escondido no coração de pessoas muito boas. Um pregador pode não ser capaz de apreciar os dons de outro pregador, porque eles parecem ser mais atraentes do que os dele. Pessoas boas, quando veem alguém que dá frutos, têm o hábito de dizer: "Sim, mas ele não faz isso" ou "Ela não faz aquilo", e a observação é feita: "Ele dá muitos frutos, mas é muito excêntrico"; como se houvesse alguém que fizesse algo neste mundo que não fosse excêntrico. Muitas vezes Deus sobrepõe seu poder às excentricidades (que são coisas desagradáveis) dos homens e das mulheres que Ele pretende usar na descoberta de novos caminhos de utilidade. O que você chama de imprudência pode ser fé, e o que você condena como obstinação pode ser apenas força mental necessária para perseverar nas dificuldades. Bendiga a Deus por pessoas graciosas como você as encontrar, e não deseje que elas sejam diferentes do que são. Quando a graça divina as renovar, ajude-as o máximo que puder e faça o melhor proveito que puder delas, e se o sino delas não tocar a mesma nota que o seu, e você não puder mudar seu tom, e ainda assim sente que sua nota seria discordante da delas, ore a Deus para afinar seu sino em harmonia com o delas, para que do campanário sagrado possa soar um sino sagrado, santificado e harmonioso, por meio da união de todos os sinos e de todos os seus tons, no único louvor de Deus. A inveja impede que muitos cálices transbordem.

Então, mais uma vez, na melhor das pessoas, a incredulidade certamente impedirá que o cálice transborde. Você não pode entrar na condição do salmista enquanto duvida do seu Deus. Observe bem como ele coloca isso: "O SENHOR é meu pastor, nada me faltará". Ele não tem medos, maus presságios ou dúvidas; há uma carta de divórcio dada por ele mesmo entre sua alma e a ansiedade, e agora ele diz: "O meu cálice transborda". Com o que você está se preocupando, minha irmã? Qual é o último novo assunto para se atormentar? Se você se preocupou toda a sua vida, seu marido, seus filhos e seus criados passaram por momentos tristes. O que seu marido pensa em relação a você é: "Ela é uma boa mulher, não sei nada em que eu possa encontrar falhas nela, exceto que encontra falhas nos outros e que ela fica triste quando não há motivo para tristeza". Que o Senhor tenha prazer em pôr cordas na harpa dela para que ela não emita notas tão dissonantes como agora, mas possa produzir a alegre música de louvor. Sua grande necessidade é uma fé mais pueril em Deus. Aceite a palavra de Deus e confie nela, e, boa irmã, seu cálice também transbordará. Qual é o seu problema, irmão? Você estava sorrindo agora mesmo ao pensar em como algumas mulheres estavam preocupadas, pois pensou: "Ah, elas não têm as preocupações que os homens têm nos negócios!". Mal sabe você! Há um fardo para as mulheres carregarem que é tão pesado quanto o de seus maridos e irmãos. Mas qual é a sua aflição? É algo que você não ousa contar a Deus? Então, qual seu negócio com isso? É algo que você não pode contar a Ele? O que há em seu coração que o impede de desabafar? É algo que você se recusa a contar a Deus? Então será um problema e uma maldição para você, e ficará cada vez mais pesado até que o esmagará no chão. Mas, oh, venha e conte ao seu grande Ajudador! Você tem fé em Deus em relação à sua alma; tenha fé nele em relação à sua propriedade; tenha fé em Deus em relação à sua esposa doente ou ao seu filho que está para morrer; tenha fé em Deus em relação às suas perdas, às suas dívidas incobráveis e aos negócios em declínio. É necessário um peito aberto diante do Senhor para que se experimente uma satisfação perfeita. Eu provei Deus e falo o que sei: tive uma preocupação que me perturbou, que dificilmente poderia comunicar a outro sem, talvez, torná-la pior — fiz o meu melhor e orei por ela, mas não via uma maneira de escapar, e por último, deixei com Deus, sentindo que, se Ele não a resolvesse, deveria permanecer sem solução. Resolvi que não teria mais nada a ver com ela e, quando assim o fiz, a dificuldade desapareceu e, ao desaparecer, encontrei uma razão adicional para confiar em Deus e pude novamente dizer: "O meu cálice transborda".

Devemos andar pela fé com os dois pés. Alguns tentam andar pela fé com o pé esquerdo, mas não levantam o pé direito da terra e, portanto, não fazem nenhum progresso. Devemos viver totalmente pela fé, totalmente pela fé. Aquele que aprender a fazer isso logo dirá: "O meu cálice transborda".

Não tenho tempo para estender, embora muito mais possa ser dito, pois há cálices que nunca transbordaram e nunca transbordarão.

II

Mas agora, em segundo lugar, POR QUE NOSSO CÁLICE TRANSBORDA? Assumindo que realmente cremos em Jesus, e não com uma fé vacilante, mas com toda a seriedade e solenidade, então a alegria seguirá nossa fé. Nosso cálice transborda, primeiro, porque, tendo Cristo, temos nele todas as coisas. "Aquele que nem mesmo a seu próprio Filho poupou, antes, o entregou por todos nós, como nos não dará também com ele todas as coisas?"

> Este mundo é nosso e o mundo que virá:
> A Terra é nossa morada e o céu, nosso lar.

Entre aqui e o céu, não há nada que desejemos, exceto o que Deus proporcionou. A promessa é: "Buscai primeiro o Reino de Deus, e a sua justiça, e todas essas coisas vos serão acrescentadas". Como diz o velho puritano[6]: os confortos terrenos são como papel e barbante para embrulhar, os quais você não precisa comprar, pois eles lhe serão dados quando comprar coisas mais valiosas. Busquem

---
[6] Alguém que pertence ao movimento puritano.

o Reino de Deus e a justiça dele, e todas essas coisas lhes serão acrescentadas. O nosso Deus não é como o Duque de Alba[7], que prometeu poupar a vida de certos protestantes e depois lhes negou comida, de modo que morreram de fome. Ele não nos dá a vida eterna e depois nos nega o que é necessário para garanti-la. Ele nos dará maná durante todo o caminho de Gósen a Canaã, e fará com que a rocha que jorra água nos siga o tempo todo em que estivermos no deserto. "Não negarei bem algum aos que andam na retidão." "O ferro e o metal será o teu calçado; e a tua força será como os teus dias." Eu havia subido uma colina outro dia e, enquanto descia a encosta íngreme, uma pedra afiada fez um corte enorme em meu sapato, e então pensei naquela promessa: "O ferro e o metal será o teu calçado". Se a estrada for difícil, um sapato forte servirá para o pé. Como aconteceu com os israelitas, cujos pés não incharam, e cujas vestes não envelheceram, assim será com vocês. Vocês encontrarão todas as coisas em Deus e Deus em todas as coisas.

Mas há outra razão pela qual nossos cálices transbordam. Eles transbordam porque o próprio Deus infinito é nosso. "O SENHOR é meu pastor." "Meu Deus", o salmista o chama. Uma das traduções mais deliciosas já empregadas em uma tradução métrica dos Salmos é a da antiga versão escocesa[8] do Salmo 42:

---

[7] Fernando Álvarez de Toledo y Pimentel (1507-1582) foi um militar e político castelhano que ficou conhecido pelas várias batalhas que ganhou, especialmente nos Países Baixos espanhóis (onde foi governador) contra os protestantes calvinistas.

[8] O *Saltério Métrico Escocês* foi publicado em 1650 para ser usado em toda a Igreja da Escócia. Um saltério métrico é um tipo de tradução da Bíblia que contém uma tradução em versos de todo ou parte do Livro dos Salmos em

> Pois ainda sei que o louvarei,
> Quem graciosamente para mim
> A saúde do meu semblante é;
> O meu Deus é Ele, oh, sim

Sinto como se pudesse parar de pregar e começar a repetir as palavras: "O meu Deus é Ele", "O meu Deus", pois o Senhor é tanto meu Deus como se não houvesse mais ninguém no mundo para reivindicá-lo. Afastem-se, anjos e arcanjos, querubins e serafins, e todas as hostes redimidas pelo sangue! Quaisquer que sejam seus direitos e privilégios, vocês não podem diminuir minha herança. Certamente tudo de Deus é meu — toda a sua plenitude, todos os seus atributos, todo o seu amor, Ele todo, tudo, tudo é meu, pois Ele disse: "Eu sou o seu Deus". Que porção é essa! Que mente pode abrangê-la? Ó, cristão, veja aqui o seu tesouro sem limites! Seu cálice não transbordará agora? Que cálice pode conter o seu Deus? Se sua alma fosse ampliada e tornada tão larga quanto o céu, você não poderia segurar seu Deus; e se você crescesse e crescesse e crescesse até que seu ser fosse tão vasto quanto sete céus, e o próprio universo, todo ele, fosse diminuído em comparação com sua capacidade, ainda assim você não poderia conter aquele que é infinito. Verdadeiramente, quando você sabe pela fé que Pai, Filho e Espírito são todos seus em aliança, seu cálice tem que transbordar.

---

poesia vernacular, destinada a ser cantada como hinos em uma igreja. Existiram vários desses saltérios em diversos países protestantes calvinistas.

Mas quando sentimos isso? Quando vemos que nosso cálice transborda? Acho que é quando, pela primeira vez, recebemos muito mais do que pedimos. Não foi essa a sua feliz situação? A misericórdia chegou à sua casa, e você disse: "De onde vem isso para mim? Nunca ousei buscar uma dádiva tão grande". "Ele é poderoso para fazer tudo muito mais abundantemente além daquilo que pedimos ou pensamos." Você se ajoelhou e orou a Deus para que o livrasse do problema; Ele fez isso, mas em vez de apenas carregá-lo, Ele colocou seus pés em um lugar amplo, e você disse: "É assim que fazes para o ser humano, ó Senhor Deus? Se tu tivesses me livrado por um triz, eu ficaria grato, mas agora o meu cálice transbordou". Você pediu ao Senhor para lhe dar o suficiente para o dia e, veja, Ele concedeu-lhe muitos confortos seculares, e sua bênção com todos eles. Você não deve dizer: "O meu cálice transborda"? Você pediu-lhe para salvar sua filha mais velha; mas em sua infinita misericórdia, Ele teve o prazer de converter vários de seus filhos, talvez todos. Você começou a ensinar na escola dominical e orou ao Senhor para lhe dar uma alma. Ora, Ele lhe deu um monte. Você não dirá: "O meu cálice transborda"? Quando comecei a pregar, tenho certeza de que minha pequena casa de reuniões parecia grande o suficiente e meu campo de trabalho suficientemente extenso; e se o Senhor tivesse me dito: "Darei a você mil almas como recompensa antes de você ir para o céu", eu teria ficado muito feliz e teria chorado de alegria; mas agora quantas milhares Ele me deu para serem os selos do meu ministério! O meu cálice transborda! Meu Deus tratou comigo além de todas as minhas expectativas ou desejos! É o jeito dele! Ele concede como um rei! Ele ultrapassou minhas pobres orações e surpreendeu minha fé. Estou convencido, amados, de que muitos de vocês sabem muitas coisas a respeito de Deus que nunca pediram para saber, possuem bênçãos da aliança que nunca buscaram e desfrutam de conquistas que não achavam ser possíveis para vocês conseguirem; para que o cálice da sua oração esteja cheio até a borda e transborde. Glória seja dada ao todo-generoso Senhor!

O mesmo aconteceu com o cálice da nossa expectativa, pois pedimos muitas coisas e, por falha em esperá-las, deixamos de recebê-las. Mas alguns de vocês não se entregaram a grandes expectativas? Vocês não tiveram seus devaneios nos quais imaginaram para si mesmos o que um cristão poderia fazer? Mas o Senhor deu a vocês mais do que a imaginação retratada. Vocês se sentaram no portão da misericórdia e disseram: "Quisera Deus que eu pudesse entrar para me sentar entre os empregados contratados"; mas Ele fez vocês se sentarem à mesa e matou para vocês o bezerro cevado. Vocês estavam tremendo em seus trapos, e disseram: "Quisera Deus que eu pudesse ser lavado desta imundície, e minha nudez fosse um pouco vestida!". Mas Ele trouxe o melhor manto e os vestiu. Vocês disseram: "Oh, se eu tivesse um pouco de alegria e paz!". Mas, vejam! Ele preparou música e dança para vocês, e seu espírito se alegra muito no Deus da sua salvação. Vou perguntar a qualquer cristão aqui se Cristo não é um bom Senhor? Você sabe que quando Henrique VIII[9] se casou com Ana de Cleves[10], Holbein[11] foi enviado para pintar o quadro dela, com o qual o rei ficou encantado, mas

---

[9] Henrique VIII (1491-1547) foi o Rei da Inglaterra de 1509 até sua morte. Foi o fundador da Igreja Anglicana.
[10] Ana de Cleves (1515-1557) foi a quarta esposa do rei Henrique VIII entre janeiro e julho de 1540.
[11] Hans Holbein, o Jovem (1497 ou 1498-1543), foi um pintor alemão renascentista, desenhista de xilogravuras, vidrarias e peças de joalharia.

quando ele viu a original, seu julgamento foi muito diferente e ele expressou desgosto em vez de afeto. O pintor o havia enganado. Agora, tais bajulações nunca podem ser feitas a nosso Senhor Jesus Cristo. Os pintores, quero dizer, os pregadores, todos ficam aquém; eles não têm a faculdade de expor belezas tão inexprimivelmente encantadoras, tão além de toda concepção da mente e do coração. As melhores coisas que já foram cantadas por poetas adoradores, escritas por autores devotos ou pregadas por pregadores como os serafins, todas ficam abaixo da excelência insuperável de nosso Redentor. Suas vivas e árduas obras e seu amor até a morte têm um valor próprio; ainda há grandes surpresas reservadas para aqueles que conhecem melhor o Salvador. Jesus encheu o cálice da nossa expectativa até transbordar. E posso dizer o mesmo de toda misericórdia que Ele trouxe em suas mãos; tem sido uma misericórdia mais rica, uma misericórdia mais rara, uma misericórdia mais amorosa, uma misericórdia mais arrebatadora, uma misericórdia mais completa, uma misericórdia mais duradoura do que jamais pensamos ser possível recebermos.

Falo a alguns que vivem pela fé no serviço de seu Senhor. Vocês aprenderam a esperar grandes coisas, meus irmãos e irmãs, e aprenderão a esperar coisas ainda maiores. Mas Deus não acompanhou sempre o ritmo de nossa expectativa? Ele não nos superou? Ele não se antecipou em nos dar sua bondade? O caminho de alguém que vive pela fé é como uma escada gigantesca que sobe, sobe, sobe, serpenteando aos olhos de Deus, no cristal transparente; mas, no que nos diz respeito, parece serpentear entre nuvens densas, muitas vezes escuras como a noite. A cada passo que damos, ficamos firmes em uma laje de diamante, mas não podemos ver o próximo local de pouso para o nosso pé; parece que estamos prestes a mergulhar em um abismo terrível, mas nos aventuramos, e o próximo passo está firme sob nossos pés. Subimos cada vez mais alto e, no entanto, a misteriosa escada ainda perfura as nuvens e não podemos ver um degrau do caminho. Até agora, descobrimos que a nossa escada de Jacó é firme como as colinas eternas: e assim subimos, e pretendemos fazê-lo, com o dedo de Deus como nosso guia, seu sorriso como nossa luz e seu poder como nosso suporte. A voz bendita está nos chamando, e nossos pés são levados para cima pela convocação, subindo e subindo na firme crença de que quando nossa carne falhar, nossa alma se encontrará de pé no limiar da Nova Jerusalém. Vá em frente, amado! Deus fará muito mais do que você espera que Ele faça, e você cantará: "O meu cálice transborda".

Às vezes, também, a alegria do cristão reflete a verdade do texto: "O meu cálice transborda". Uma noite dessas, enquanto eu estava sentado entre os nossos jovens, e estávamos todos cantando: "Estou tão feliz, pois Jesus me ama", não me surpreendi que o escritor daquela peça os fizesse repetir essa verdade deliciosa algumas vezes. "Estou tão feliz, pois Jesus me ama." Você pode desculpar monotonias, repetições e tautologias quando aquelas lindas palavras estão soando nos ouvidos: "Jesus me ama", "Jesus me ama", "Jesus me ama"; toque esse sino de novo e de novo. Que necessidade de mudança há quando você alcançou uma alegria perfeita? Por que pedir variedade quando você não pode conceber nada mais doce? Há música, tanto no som quanto no sentido, e há bastante peso, força e poder na simples declaração "Jesus me ama" para que seja repetida centenas de vezes e, no entanto, nunca incomodar os ouvidos. De vez em quando ouço falar da interrupção de um sermão por uma pessoa que encontrou o Salvador: como gostaria que fôssemos frequentemente interrompidos dessa forma! Eu me pergunto por que as pessoas, quando descobrem pela primeira vez que Jesus sofreu em seu lugar, não gritam e fazem as paredes ressoarem isso. Certamente é o suficiente para fazê-las agir assim. Que bênção seria se aquele antigo fogo metodista, que ardia tão desenfreadamente nas almas das pessoas a ponto de as forçarem deixar as faíscas voarem pela chaminé de suas bocas em expressões intensas, apenas ardesse em nossas frias e formais reuniões. Venham, vamos derramar uma libação de louvor de nossos cálices transbordantes, enquanto dizemos novamente: "Estou tão feliz, pois Jesus me ama". Você não se sentou quando esteve sozinho e sentiu: "Estou tão feliz, pois sou salvo, perdoado, justificado, um filho de Deus, e sou amado pelo Senhor. Isso me enche de tanta alegria que mal consigo me conter"? Ora, se alguém viesse até você em tal momento e dissesse: "Há uma quantia enorme deixada para você de herança", você a teria desprezado e pensado: "De que me serve isso? Tenho infinitamente mais do que isso, pois sou coerdeiro com Cristo. O meu amado é meu e eu sou dele. 'O meu cálice transborda'. Tenho muita alegria. 'Estou tão feliz, pois Jesus me ama.'"?

Nessas ocasiões, nossa gratidão deve transbordar também. A gratidão de nosso poeta transbordou quando ele escreveu aquela estrofe notável:

> Por toda a eternidade, a ti
> Minha grata canção eu vou levantar;
> Mas, oh, a eternidade é muito curta
> Para metade dos teus louvores te dar.

Já ouvi críticos frios condenarem esse verso e, com isso, provarem sua incompetência para apreciar a poesia. Eles limitariam a linguagem do amor pelas regras da gramática? Não se pode permitir ao ímpeto uma linguagem própria? É verdade que é incorreto falar da eternidade como "muito curta", mas a imprecisão é exatamente precisa quando o amor a interpreta. Quando um cálice transborda, não pinga devagar a tantas gotas por minuto, mas derrama à sua maneira desordenada, e o coração agradecido também. As declarações do coração são tão ousadas quanto ele as consegue criar, mas elas nunca o satisfazem. Ele se esforça para se expressar em palavras e, às vezes, consegue por um tempo e grita: "O meu coração ferve com palavras boas; falo do que tenho feito no tocante" (Salmos 45:1), mas logo seu transbordamento rápido para o canal de sua expressão e o silêncio tornam-se necessários e revigorantes. Nossas almas às vezes são lançadas em um desfalecer de felicidade, em que preferimos viver e respirar gratidão do que sentir qualquer poder para expressá-la. Assim como o lírio e a rosa louvam a Deus derramando suas vidas em perfume, nós também sentimos uma quase involuntária efusão de nosso próprio amor que não poderia, de forma alguma, expressar-se artisticamente. Estamos cheios e mais do que cheios, saturados, saciados com as doçuras divinas:

> Tua plenitude, Senhor, é minha, pois oh!
> Essa plenitude é uma fonte tão gratuita
> Quanto inesgotável;
> O presente ilimitado do Senhor para mim.
> Meu Cristo! Oh, cante-o nos céus,
> Que todo anjo levante sua voz;

Soe com dez mil harpas seu louvor,
Comigo, hostes celestiais, alegrem-se!

III

Agora, em terceiro lugar, E DEPOIS? A primeira peça desse mosaico é: adoremos aquele que encheu o cálice. Se o cálice transbordar, que transborde sobre o altar. "Que darei eu ao SENHOR por todos os benefícios que me tem feito?" Lembrem-se, queridos amigos cristãos, de que a pregação não é um resultado, é um meio para um fim, e esse fim é a adoração a Deus. O objetivo de nossas reuniões solenes é a adoração; esse também é o objetivo e o resultado da salvação, para que os salvos possam prostrar-se sobre seus rostos e adorar o Cordeiro em sua glória. A pregação e a oração são como os talos do trigo, mas a adoração sincera é a própria espiga. Se Deus encheu seu cálice, adore-o no solene silêncio de sua alma. Que todo poder, paixão, pensamento, emoção, habilidade e capacidade, na mais humilde reverência, adore o Senhor de todos, a Fonte de onde fluem as correntes que nos encheram até a borda.

A próxima coisa é: se o seu cálice transbordar, ore ao Senhor para torná-lo maior. O apóstolo Paulo não diz: "Dilatai-vos também vós"? Davi não fala em ter seu coração dilatado? Há muita estreiteza no ser humano de grande coração. Somos todos vasos rasos para Deus. Se acreditássemos mais e confiássemos mais, deveríamos ter mais, pois a limitação não está com Deus. Orem como Jabez nos tempos passados: "Se me abençoares muitíssimo e meus termos alargares".

A próxima coisa é: se o seu cálice estiver transbordando, deixe-o parar onde está. Entenda o que quero dizer: o cálice fica sob a fonte, e a fonte continua correndo para dentro dele, e assim o cálice transborda, mas não vai escorrer por muito tempo, se você o tirar de onde a fonte derrama. O coração agradecido transborda porque a fonte da graça transborda. Mantenha seu cálice onde está. É nossa insensatez abandonar a fonte de águas vivas e recorrer às cisternas rotas do mundo. Dizemos: "Melhor deixar quieto", mas esquecemos essa máxima prática com relação ao bem maior. Se o seu cálice transbordar, ouça Cristo dizer: "Permaneça em mim". Davi teve a intenção de manter seu cálice onde estava e disse: "Habitarei na Casa do Senhor por longos dias". Quando prego no exterior, sempre gosto de ir para a mesma casa na cidade e digo ao meu anfitrião: "Sempre virei até você, desde que me convide, pois não acho que haja uma casa melhor". Se uma pessoa tem um bom amigo, é uma pena trocá-lo, pois quanto mais velho, melhor. O pássaro que tem um bom ninho deve mantê-lo. Não fiquem zanzando fora de casa, eu os ordeno, mas deixem o Senhor ser sua morada para sempre. Muitos ficaram fascinados por novas ideias e novas doutrinas, e de vez em quando alguém nos diz ter encontrado um maravilhoso diamante de nova verdade, mas que geralmente acaba sendo um pedaço de uma garrafa velha; quanto a mim, não quero nada novo, pois o velho é melhor, e meu coração clama: "Volta, minha alma, a teu repouso, pois o Senhor te fez bem". Até que eles encontrem para mim uma fonte melhor do que a que o Senhor abriu em Cristo Jesus, seu Filho, minha alma permanecerá em seu antigo lugar e mergulhará seu cântaro nas águas vivas. Onde meu cálice estiver cheio, ele permanecerá e ainda transbordará.

Mais uma vez, seu cálice transborda? Então, chame seus amigos para pegarem do transbordamento. Deixe os outros participarem daquilo que você não deseja monopolizar ou reter. O povo cristão deve ser como as cascatas que vi nos riachos e rios, sempre transbordando e assim provocando outras quedas, que por seu alegre excesso provocam novas cascatas e a beleza se multiplica com alegria. Não são belas aquelas fontes nas quais o transbordamento de uma bacia superior faz com que a próxima caia como uma chuva prateada, e isso novamente produz outra lâmina de água vítrea? Se Deus enche um de nós, é para que possamos abençoar os outros; se Ele dá a seus servos ministradores uma doce comunhão com Ele, é para que suas palavras possam encorajar outros a buscar a mesma comunhão; e se seus ouvintes recebem um pouco da refeição, é para que possam levar uma porção para casa. Se você conseguir água para o seu próprio moinho e represá-lo, descobrirá que está coberto de ervas daninhas e se torna uma coisa suja. Puxe as comportas e deixe correr! Não há nada no mundo melhor do que a circulação, quer por graça, quer por dinheiro. Deixe correr! Há mais vindo, há mais vindo. Conter irá empobrecer você, espalhar é aumentar. Se você recebe a alegria de Deus em seu coração, vá e conte-a à pobre Maria chorosa e ao duvidoso Tomé: pode ser que Deus tenha enviado a você o transbordamento de propósito para que aqueles que estavam prestes a perecer possam ser revigorados.

Por último, seu cálice transborda? Então, pense na plenitude que reside naquele de quem tudo procede. Seu cálice transborda? Então, pense na felicidade que está reservada para você quando ela sempre transbordará em glória eterna. Você ama a luz do sol? Isso o aquece e o anima? Como deve ser viver ao sol, como o anjo Uriel[12] de que fala Milton![13] Você valoriza o amor de Cristo? É doce para você? O que será aquecer-se em sua luz sem nuvens? Oh, que Ele abra as persianas para que possamos vislumbrar aquele rosto que é como o sol brilhando em sua força. O que será ver seu rosto e desfrutar dos seus beijos para sempre? O orvalho que destila de sua mão alegra o deserto; o que deve ser beber dos rios de seu deleite? Uma migalha de sua mesa costuma servir de banquete para seus pobres santos, mas o que será quando a árvore da vida lhes render doze tipos de frutos e esses pobres santos não mais passarem fome? Dias claros devem fazer com que nossas almas se lembrem do céu; apenas lembremos que os dias mais claros aqui embaixo não são como os dias do céu, assim como um dia em uma mina de carvão quando a lâmpada queima com mais intensidade não pode ser comparado ao meio-dia de verão. Ainda assim, ainda estamos cá embaixo. As alegrias mais brilhantes da terra são apenas o luar. Subiremos mais alto em pouco tempo, nos céus sem nuvens, na terra da qual lemos "não há noite lá". Em quanto tempo estaremos lá, nenhum de nós pode dizer! O anjo acena para alguns de nós; nós ouvimos os sinos do céu tocando em nossos ouvidos até neste exato momento. Muito em breve — muito em breve —, não podemos dizer quão brevemente, iremos estar com Jesus onde Ele estiver, e contemplar a sua glória. Irmãos, o pensamento de uma felicidade tão incrível faz nossos cálices e nossa felicidade transbordarem quando nos lembramos

---

[12] No poema *Paraíso Perdido* de John Milton, o anjo Uriel desce em um raio de sol para falar com Gabriel.
[13] John Milton (1608-1674) foi um poeta e intelectual inglês. É mais conhecido por seu poema épico *Paraíso Perdido* (1667).

de que será para sempre, e para sempre, e sempre. Olhos para nunca mais chorar, mãos para nunca mais se sujar, ossos para nunca mais doer, pés para nunca mais mancar, corações para nunca mais pesar, mas o ser humano inteiro tão cheio quanto possível de prazer inefável, mergulhado em um mar de bem-aventurança, inundado de alegria extasiante, tão cheio do céu quanto o céu está cheio de Cristo.

Querido ouvinte, a última palavra que tenho a dizer é esta: você sabe o que é ser cheio do amor de Deus? Ouvinte não convertido, sei que você não está feliz. Você diz: "Eu gostaria que meu cálice transbordasse!". O que você está fazendo com ele? "Estou tentando esvaziá-lo de meus antigos pecados." Isso não fará com que ele transborde. "Eu o tenho lavado com minhas lágrimas." Isso não fará com que ele transborde. Você conhece a única maneira de ter alegria e paz em seu coração? O que você faria com um cálice vazio se estivesse com sede? Você não o seguraria debaixo de uma fonte até que estivesse cheio? Isto é o que você deve fazer com sua pobre alma seca e vazia. Venha e receba de Jesus, graça por graça. "Porque a todos quantos o receberam deu-lhes o poder de serem feitos filhos de Deus: aos que creem no seu nome." Segure seu cálice vazio sob a corrente da plenitude divina que flui para o culpado por meio de Jesus Cristo, e você também dirá com alegria: "O meu cálice transborda".

O Senhor derrame sua misericórdia em vocês, por amor de Jesus. Amém!

7

OS TRABALHOS DO AMOR

O amor tudo sofre, tudo crê, tudo espera, tudo suporta.
1 Coríntios 13:7

A GRAÇA do amor, ou caridade, da qual tanto se fala de modo admirável nesse capítulo de 1Coríntios, é absolutamente essencial para a verdadeira vida de santidade. Tão essencial é que, se tivermos tudo conosco, mas não tivermos amor, de nada nos servirá. A ausência do amor é absolutamente fatal para a santidade viva; assim diz o Espírito Santo no capítulo em apreço. Quando, então, você ler os altos elogios do amor do apóstolo Paulo, não diga: "Esta é uma virtude fantasiosa que certos santos especiais alcançaram, e somos obrigados a admirá-los por isso, mas não precisamos imitá-los". Longe disso! Esse amor é o uniforme comum do dia a dia do povo de Deus. Não é prerrogativa de poucos; deve ser propriedade de todos. Portanto, por mais elevado que seja o modelo, não olhe para ele como se não pudesse alcançá-lo: você deve alcançá-lo. É apresentado a você não apenas como algo altamente desejável, mas como absolutamente necessário; pois se você se sobressaísse em todos os dons espirituais, mas não o tivesse, todo o resto não lhe serviria de nada. Alguém poderia pensar que esses dons excelentes poderiam nos beneficiar um pouco, mas não, o apóstolo resume todos eles e diz do todo: "Nada disso me seria proveitoso". Oro para que isso possa ser entendido por nós desde o início, para que não nos desviemos da verdade ensinada pelo Espírito Santo neste lugar, e venhamos a dar uma desculpa por não sermos amorosos pela noção de que somos tão insignificantes que uma virtude tão elevada não pode ser exigida de nós, ou tão fracos que não se pode esperar que a alcancemos. Você deve alcançá-lo, ou você não pode entrar na vida eterna, pois se alguém não tem o Espírito de Cristo, este não é dele, e o Espírito de Cristo certamente gerará o amor de nosso texto, que "tudo sofre, tudo crê, tudo espera, tudo suporta".

O que isso nos ensina desde o início, senão que uma salvação que leva a isso deve ser de Deus e deve ser operada em nós por seu poder? Uma graça tão formosa nunca pode crescer de nossa natureza caída. Poderá uma coisa tão limpa como esta ser tirada de uma coisa imunda? Essa salvação gloriosa para o amor puro deve ser apreendida pela fé e realizada em nós pela operação do Espírito de Deus. Se considerarmos a salvação como uma coisa pequena, nós a trazemos, por assim dizer, para a esfera da possibilidade humana, mas se a apresentarmos em suas verdadeiras proporções como envolvendo a posse de um estado de coração puro, amoroso e elevado, então percebemos que é uma maravilha divina. Quando avaliamos corretamente a natureza renovada, clamamos: "Isto é o dedo de

Deus", e, com alegria, ratificamos o credo de Jonas: "Do Senhor vem a salvação". Se o amor se manifesta em alguém e é abundante, Deus deve ter a glória disso; pois certamente nunca foi alcançado por mero esforço natural, mas deve ter sido concedido pela mesma mão que fez os céus. Portanto, irmãos, ao concluir, espero deixar em suas mentes a impressão de sua necessidade da graça de Deus para a obtenção do amor. Eu não os desencorajaria, mas gostaria que sentissem quão grande trabalho está diante de vocês e quão impossível será realizá-lo, a menos que estejam munidos de uma força além da própria. O seu consolo estará no fato de que, se não pode ser o resultado de seu próprio esforço, ainda assim "o fruto do Espírito é amor", e o Espírito está pronto e disposto a nos fazer frutificar.

Observem então, primeiro, a multidão de dificuldades do amor; ele tem que tudo sofrer, tudo crer, tudo esperar e tudo suportar; em segundo lugar, observem o triunfo do trabalho do amor: ele faz todas essas quatro coisas, "tudo sofre, tudo crê, tudo espera, tudo suporta": e então, em terceiro lugar, isso nos trará de volta ao ponto de onde partimos, as fontes da energia do amor, e como é que ele é capaz de obter sua vitória quádrupla sobre inúmeras dificuldades.

I

Considere bem A MULTIDÃO DE DIFICULDADES DO AMOR. Quando a graça de Deus age em alguém, tal pessoa nasce imediatamente para amar. Aquele que ama é nascido de Deus, e aquele que é nascido de Deus ama. Ele ama aquele que gerou, sim, Deus, e ama aquele que dele é gerado, sim, todos os salvos. Ele começa a obedecer ao grande mandamento de amar o próximo como a si mesmo. Seu lema não é mais o de um reino terreno, *Dieu et mon droit*[1] — Deus e meu direito, mas ele carrega outras palavras em seu brasão, *Dieu et mon frère* — Deus e meu irmão.

Assim que o amor nasce, ele se vê em guerra. Tudo está contra ele, pois o mundo está cheio de inveja, ódio e hostilidade. Eu alertaria aos mais amorosos de que eles entraram em uma guerra pela paz, uma luta pelo amor: eles nasceram para odiar o ódio e para lutar contra a discórdia. Como o lírio entre os espinhos, assim é o amor entre os seres humanos. Como a corça entre os cães, assim é o amor entre a multidão egoísta.

Evidentemente, as dificuldades do amor são muitas, pois o apóstolo Paulo fala delas como "tudo" e, como se isso não bastasse, ele repete essa palavra e apresenta os exércitos adversários como quatro vezes "tudo". Não sei se você pode calcular esse poderoso exército. "Tudo" parece abarcar o máximo possível, mas aqui no texto tem-se essa quantia multiplicada por quatro. Pois, meu irmão, você terá de lidar com tudo o que está dentro de você. Nada em sua natureza original irá ajudá-lo. Deus colocou dentro de você uma nova vida, mas a velha vida procura sufocá-la. Você enfrentará uma luta severa para dominar a si mesmo e, se for bem-sucedido, será realmente um vencedor. Além disso, você terá de lidar com "tudo" juntamente com as pessoas as quais você é chamado a amar. Você deve ter um amor fervoroso para com os santos, mas encontrará muitas coisas sobre os melhores deles que testará sua paciência; pois, como você, eles são imperfeitos e nem sempre mostrarão seu melhor lado para

---

[1] Lema do monarca do Reino Unido. Está em francês e significa "Deus e meu direito" [divino de governar].

você, mas às vezes exibem tristemente suas fraquezas. Esteja preparado, portanto, para lutar contra "tudo" neles. Quanto aos ímpios a quem você deve amar para levá-los a Cristo, você encontrará neles tudo o que se oporá aos atrativos do seu amor, pois eles, como você, por natureza nasceram no pecado e estão enraizados em suas iniquidades. Quando você tiver dominado esse tipo de "tudo", terá de lidar com "tudo" no mundo, pois o mundo jaz no maligno, e todas as suas forças correm para o eu, a discórdia e o ódio. A mão de todos está contra seu próximo, e poucos são os que honram as amáveis leis do amor; eles não conhecem aquele amor divino que "não busca o proveito próprio". A semente da serpente está em inimizade com tudo o que é bom, afetuoso e altruísta, pois essas são as marcas da semente da mulher. Não se maravilhem, meus irmãos, se o mundo os odeia. E então lembre-se de que "tudo" no inferno está contra vocês. Que massa fervilhante de vida rebelde, toda venenosa de ódio, é vista nas regiões das trevas. O príncipe das potestades do ar lidera a linha de frente, e a hoste de espíritos caídos o segue ansiosamente, como cães de caça atrás de seu líder. Todos esses espíritos malignos se esforçarão para criar dissensão, inimizade, malícia e opressão entre os humanos, e o soldado do amor deve lutar contra tudo isso. Veja, ó meu irmão, que batalha é a sua! Muito se fala das cruzadas contra os muçulmanos,[2] mas que cruzada é essa contra o ódio e o mal! No entanto, não nos esquivemos da batalha.

---

[2] As cruzadas foram guerras feitas por militares e paramilitares católicos entre os séculos XI e XIII que partiram da Europa Ocidental para conquistar, ocupar e manter a Palestina, e especialmente Jerusalém, sob domínio dos cristãos (algumas outras guerras similares que não foram para a Palestina ocorreram também com o mesmo nome). Essa região estava sob domínio do Sultanato de Rum, cuja religião era o islamismo.

Felizmente, embora o amor tenha muitas dificuldades, ele supera todas elas e as supera quatro vezes. Há tanta vitalidade no mal que ele salta do campo onde parecia ter sido morto e se ira com toda a sua fúria anterior. Primeiro, vencemos o mal pela paciência, que "tudo sofre". Que a injustiça seja infligida, nós a perdoaremos e não seremos provocados: até setenta vezes sete suportaremos em silêncio. Se isso não for suficiente, pela graça de Deus venceremos pela fé: confiamos em Jesus Cristo, confiamos em nossos princípios, buscamos o socorro divino e, portanto, "tudo cremos". Superamos pela terceira vez pela esperança: descansamos na expectativa de que a mansidão vencerá e de que a longanimidade corroerá a malícia, pois esperamos a vitória final de tudo que é verdadeiro e gracioso, e assim "tudo esperamos". Terminamos a batalha pela perseverança: permanecemos fiéis à nossa determinação de amar, não seremos irritados pela indelicadeza, não seremos corrompidos em nosso afeto generoso e todo-perdoador e, assim, vencemos a batalha pela firmeza. Direcionamos o nosso leme para o porto do amor, e para ele iremos navegar, venha o que vier. Frequentemente desconcertado, o amor "tudo suporta".

Sim, irmãos, e o amor vence em todos os quatro lados. O amor, por assim dizer, faz um quadrado oco, e ele dirige o rosto de seus guerreiros para todos os quadrantes do perímetro. Deus parece ferir o amor com aflições? O amor "tudo sofre". Seus companheiros cristãos o distorcem e o tratam mal? Ele crê em tudo o que há de bom neles e em nada que seja ofensivo. Os ímpios se levantam contra ele? Quando ele tenta convertê-los, eles retribuem o bem com o mal? Ele dirige toda sua esperança para a linha de frente nessa direção e espera que ainda assim o Espírito de Deus os leve a uma disposição melhor. E todos os seus inimigos espirituais o atacam com tentações e insinuações desesperadas? Ele levanta a bandeira da paciência contra eles e, pelo poder da graça de Deus, derrota o inimigo infernal, pois ele "tudo suporta". Que modo de batalhar corajoso é esse! O amor não é um poderoso navio de guerra? Não é invencível? Ouça o brado heroico do amor enquanto ele grita seu desafio:

> Podem todos juntos contra mim vir,
> pois mais fácil é esta rocha firme rolar,
> do que eu de vocês todos fugir.

Se já fomos ensinados na escola de Cristo a direcionar a proa do amor a todos os pontos cardeais da bússola e, assim, enfrentar cada ataque contra nossos corações, aprendemos o segredo da vitória.

Parece-me que poderia ler meu texto como se dissesse que o amor vence em todas as fases da vida dele. Ele começa na conversão, e imediatamente aqueles que notam o nascimento dele ficam com raiva, e os poderes do mal são imediatamente despertados para buscar sua destruição. Então ele "tudo sofre". Deixe-os zombar, o amor nunca retribui injúria por injúria: Isaque não se deixará ser provocado pelas zombarias de Ismael.

Ele reúne forças e começa a contar aos outros o que sabe sobre seu Senhor e sua salvação. Ele "tudo crê", e assim professa sua fé, e seus companheiros cristãos são confirmados por seu testemunho. É o seu tempo de energia e, por isso, ele tenta persuadir e ganhar os outros, ensinando-lhes as coisas em que crê.

Ele avança um pouco mais e, embora muitas vezes desapontado com a incredulidade das pessoas e com a frieza de seus companheiros cristãos, ele "tudo espera" e segue em frente na expectativa de ganhar mais alguns deles. Seus olhos de pássaro enxergam no escuro, e ele avança para a vitória por meio de um conflito cada vez maior.

Sim, e quando as enfermidades se avolumam sobre ele, e a velhice chega, e ele pouco pode fazer a não ser ficar quieto, sofrer, crer e esperar, ele ainda persevera e aceita até mesmo o próprio golpe da morte sem reclamar, pois o amor "tudo suporta".

Não acredito que precise dizer mais sobre as dificuldades do amor. Tenho certeza de que toda pessoa experiente sabe que essas dificuldades são altíssimas e que exigem graça superlativa se quisermos dominá-las. O amor não pede para ter uma vida fácil: o amor-próprio é que faz disso seu objetivo. O amor nega a si mesmo, sacrifica-se, para que possa obter vitórias para Deus e trazer bênçãos a seus companheiros. Não é fácil seu caminho, e não será de lantejoula sua coroa.

II

Em segundo lugar, examinemos O TRIUNFO DO TRABALHO DO AMOR. Seu trabalho é quádruplo.

Primeiro, ao sofrer tudo. A palavra aqui traduzida como "sofrer" poderia ter sido traduzida corretamente como "cobrir". Em algumas versões da Bíblia, encontra-se na margem: "O amor tudo cobre". "Cobrir" é o significado comum da palavra em grego, mas Paulo geralmente usa a palavra no sentido de "sofrer". Nossos tradutores, portanto, tiveram que escolher entre o significado usual e o uso paulino, e eles selecionaram o significado de Paulo e o colocaram em primeiro lugar como "sofrer", dando-nos na margem o outro sentido de "cobrir". As duas ideias podem ser combinadas, se entendermos que isso significa que o amor sofre todas as coisas em silêncio, escondendo as injúrias tanto quanto possível até de si mesmo.

Vamos apenas pensar na palavra "cobrir" em referência aos irmãos. O verdadeiro amor se recusa a ver falhas, a menos que ele possa ajudar gentilmente a removê-las. O amor não deseja ver defeitos. O filho mais novo de Noé descobriu e declarou a vergonha de seu pai, mas os outros filhos dele pegaram uma roupa e foram de costas e cobriram a nudez de seu pai: desta forma o amor lida com os pecados de seus irmãos. Ele teme dolorosamente que possa haver algo errado, mas reluta em ser convencido disso: ele ignora isso o máximo que pode e deseja poder negá-lo completamente. O amor cobre, isto é, nunca proclama os erros dos bons. Há intrometidos por aí que sempre que veem uma falha em um irmão precisam se apressar para o próximo vizinho com as notícias saborosas, e então correm para cima e para baixo na rua como se tivessem sido eleitos anunciadores comuns. Não é de forma alguma honroso para homens ou mulheres colocarem-se como informantes comuns. No entanto, conheço alguns que não estão tão ansiosos para divulgar o evangelho quanto estão para divulgar calúnias. O amor fica na presença de uma falha com um dedo posto sobre seus lábios. Se alguém deve ferir um filho de Deus, que não seja um irmão. Mesmo que alguém que professa ser cristão seja um hipócrita, o amor prefere que o tal caia por qualquer mão, exceto a sua. O amor cobre todas as injustiças mantendo silêncio sobre elas e agindo como se nunca tivessem existido. Ele se senta sozinho e guarda silêncio. Falar e divulgar o erro é muito doloroso para ele, pois teme ofender o povo do Senhor. Ele prefere sofrer a murmurar e, assim, como uma ovelha diante de seus tosquiadores, ele fica mudo sob injustiças.

Eu gostaria, irmãos e irmãs, que todos pudéssemos imitar a ostra que produz pérolas. Uma partícula nociva penetra sua casca, e isso a incomoda e a faz sofrer. Ela não consegue expulsar aquele mal, e não pode fazer nada a não ser cobri-lo com uma substância preciosa extraída de sua própria vida, pela qual transforma o invasor em uma pérola. Oh, se pudéssemos fazer isso com as provocações que recebemos de nossos companheiros cristãos, para que pérolas de paciência, gentileza, longanimidade e perdão pudessem ser cultivadas dentro de nós por aquilo que mais nos machucou. Eu desejaria ter sempre preparado para meus companheiros cristãos um banho de prata, no qual eu pudesse galvanizar em ocasiões de amor todos os seus erros. Como o poço gotejante cobre com seu próprio depósito tudo o que é colocado em seu gotejar, assim o amor cobriria tudo dentro de seu alcance com amor, transformando deste modo até mesmo maldições em bênçãos. Oh, quem dera tivéssemos tanto amor que cobrisse tudo e ocultasse tudo, na medida em que fosse certo e justo aquilo que devesse ser coberto e escondido.

Quanto a sofrer tudo, tomando as palavras como estão em nossa versão, desejo aplicar o texto principalmente às nossas provações em buscar a conversão dos não convertidos. Aqueles que amam as almas das pessoas devem estar preparados para cobrir muito quando lidam com elas e suportar muito delas em silêncio. Quando começo a buscar a conversão de alguém, devo tentar o máximo que puder para ignorar qualquer repulsa que possa haver em seu caráter. Eu sei que ele é um pecador, senão eu não deveria buscar sua salvação;

mas se ele for alguém que caiu muito baixo na estima dos outros, não devo tratá-lo como tal, mas cobrir seus piores pontos. Você não pode levar a mulher samaritana, que teve cinco maridos, a pensar de modo correto "maravilhando-se de que [Jesus] estivesse falando com uma mulher". Assim agiram os discípulos, mas não o Mestre, pois Ele se sentou à beira do poço e conversou com ela, tornando-se seu companheiro disposto para que pudesse ser seu gracioso Salvador; Ele ignorou o pecado dela a ponto de conversar com ela para o seu bem.

Ao começar este trabalho santo, não passará muito tempo até que você descubra, no coração, que procura vencer muita ignorância do evangelho. Tenha paciência e apresente o texto que lança luz sobre essa escuridão e ensine a verdade que removerá esse erro. Em breve você terá de lidar com a dureza do coração, pois quando alguém conhece a verdade, nem sempre está disposto a recebê-la. Sofra isso e não se irrite. Você não esperava que o coração fosse duro? Você não sabe em que situação se meteu? Você foi enviado para converter as pessoas das trevas para a luz e do poder de Satanás para Deus. Não se surpreenda se essas coisas não forem brincadeira de criança. Além disso, talvez você seja ridicularizado; suas tentativas de conversão serão transformadas em piadas. Sofra isso; sofra tudo! Lembre-se de como a multidão lançou injúrias contra seu Senhor e Mestre quando Ele estava morrendo, e não seja tão orgulhoso a ponto de pensar que é bom demais para ser ridicularizado. Ainda fale a respeito de Cristo, e aconteça o que acontecer, sofra tudo. Não tentarei fazer um catálogo de suas provocações, você mesmo fará um depois de tentar converter as pessoas a Cristo; mas tudo o que você pode encontrar está incluído no meu texto, pois diz: "tudo sofre". Se você encontrar algum pecador extraordinário que abra a boca com discursos cruéis como você nunca ouviu antes, e se tentando fazer-lhe bem você apenas o incita à obscenidade e à blasfêmia, não se surpreenda; insista com ele novamente, pois a amor "tudo sofre", seja o que for. Continue e diga: "Sim, tudo isso prova para mim o quanto você deseja ser salvo. Sua salvação é minha responsabilidade! Se eu o levar a Cristo, haverá uma maior glória a Deus". Ó bendito amor, que assim tudo pode cobrir e tudo sofrer por amor de Cristo.

Quer um exemplo disso? Você gostaria de ver o próprio exemplo e perfeição do amor que sofre tudo? Contemple o seu divino Senhor. Oh, o que Ele cobriu! É um tema tentador, mas não vou me deter nele. Como sua gloriosa justiça, seu maravilhoso esplendor de amor cobriu todas as nossas falhas e todas as suas consequências, tratando-nos como se não visse pecado em Jacó, nem perversidade em Israel. Pense no que Ele sofreu quando chegou aos seus e os seus não o receberam! Que cobrir foi aquele quando Ele disse: "Pai, perdoa-lhes, porque não sabem o que fazem". Que visão lamentável do terrível sofrimento do ser humano nosso Senhor Jesus teve quando lágrimas santas orvalharam aqueles olhos sagrados! Que cegueira generosa à crueldade infame deles Ele manifestou quando orou por seus inimigos sedentos de sangue. Ó amado, você nunca será tentado, insultado e provado como Ele foi; ainda assim, em sua própria medida menor, que você possa possuir aquele amor que pode sofrer silenciosamente tudo por causa dos eleitos e por causa de Cristo, para que a multidão dos remidos possa ser completa e que Cristo por meio de você possa ver o trabalho da alma dele.

Agora vamos olhar para o segundo dos grandes trabalhos do amor. Você já ouviu falar dos trabalhos de Hércules, mas o herói fabuloso é muito superado pelas verdadeiras conquistas do amor. O amor opera milagres que somente a graça pode capacitá-lo a realizar. Aqui está o segundo deles: o amor "tudo crê". Em primeiro lugar, em referência aos nossos irmãos cristãos, o amor sempre crê no melhor deles. Eu gostaria que tivéssemos mais dessa fé espalhada por todas as igrejas, pois uma terrível praga cai sobre algumas comunidades por meio da suspeita e da desconfiança. Embora tudo possa ser puro e certo, certas mentes fracas ficam repentinamente febris de ansiedade pela noção de que tudo está errado e podre. Essa desconfiança profana está no ar, uma praga sobre toda a paz: é uma espécie de mofo bolorento da alma pelo qual todo doce perfume da confiança é morto. A melhor pessoa é suspeita de ser uma vigarista, embora sua honestidade seja clara como o dia, e a menor falha ou erro é terrivelmente exagerado, até que parecemos habitar entre criminosos e ser todos juntos vilões. Se eu não cresse em meus irmãos, não professaria ser um deles. Eu creio que, apesar de todos os seus defeitos, eles são as melhores pessoas do mundo e que, embora a Igreja de Deus não seja perfeita, ela é a noiva daquele que é. Tenho o maior respeito por ela, por amor do Senhor. A recém-casada esposa romana dizia: "Por meu marido ser Gaio, eu sou Gaia";[3] por Cristo ser rei, aquela que está à sua direita

---

[3] Alguns historiadores da Antiguidade de Roma mencionam um costume romano muito antigo começado por uma futura rainha do império. Quando a esposa recém-casada entrasse pela primeira vez na casa que pertencia ao marido e à sua família, ele diria: "Eu sou Gaio", e a noiva responderia: "Por você ser Gaio, eu sou Gaia", representando que ela passava a fazer parte da família do marido.

é "a rainha ornada de finíssimo ouro de Ofir". Deus me livre de insultar aquela de quem seu Senhor diz: "Enquanto foste preciosa aos meus olhos, também foste glorificada, e eu te amei". O amor verdadeiro crê no bem dos outros tanto quanto pode, e quando é forçado a temer que algo errado tenha sido feito, o amor não cederá prontamente à evidência, mas ele dá ao irmão acusado o benefício de muitas dúvidas. Quando a coisa está muito clara, o amor diz: "Sim, mas o amigo deve ter sofrido uma tentação muito forte, e se eu estivesse lá, ouso dizer que teria feito pior"; ou então o amor espera que aquele que errou possa ter cometido a ofensa por um motivo bom, embora equivocado; ele crê que a pessoa boa deve ter se enganado, ou não teria agido assim. O amor, tanto quanto pode, crê em seus semelhantes. Conheço algumas pessoas que habitualmente creem em tudo que é ruim, mas não são filhas do amor. Apenas diga a elas que seu pastor ou seu irmão matou sua esposa, e elas acreditarão imediatamente, e mandarão chamar um policial: mas se você lhes contar algo bom sobre seu vizinho, elas não terão tanta pressa em crer em você. Você já ouviu falar de fofoqueiros tagarelando coisas boas sobre seus vizinhos? Eu gostaria que os tagarelas começassem a exagerar as virtudes de outras pessoas e fossem de casa em casa inventando histórias bonitas de seus conhecidos. Eu não recomendo mentir nem por bondade, mas esse lado seria uma novidade tão grande que eu quase poderia suportar seus males para variar. O amor, embora não diga mentiras para elogiar o outro, tem um olho rápido para ver as melhores qualidades dos outros e é habitualmente um pouco cego para suas falhas. Ele é cego de um olho para a falha, e o outro tem visão ótima para a excelência. Em algum lugar, encontrei uma velha lenda — não suponho que seja literalmente verdadeira, mas seu espírito está correto. Conta-se que, certa vez, nas ruas de Jerusalém, havia um cachorro morto, e todos o chutavam e insultavam. Um falou de ele não ser de raça pura, outro de sua forma magra e feia, e assim por diante; mas passou um que parou um momento sobre o cachorro morto e disse: "Que dentes brancos ele tem!". As pessoas disseram, enquanto ele seguia seu caminho: "Esse é Jesus de Nazaré". Certamente é sempre a maneira de nosso Senhor ver bons pontos sempre que puder. Irmãos, pensem o melhor que puderem até mesmo de um cachorro morto. Se vocês forem levados a decepções e a tristezas por pensar muito bem de seus semelhantes, não precisam se culpar muito. Encontrei, nos Sermões de Anthony Farrindon,[4] uma frase que me impressionou. Ele conta que o antigo provérbio diz: *Humanum est errare* — errar é humano —, mas, diz ele, quando erramos pensando nos outros com muita bondade, podemos dizer: *Christianum est errare* —, é cristão errar de tal maneira. Eu não gostaria que vocês fossem crédulos, mas gostaria que vocês confiassem, pois a suspeita é um mal cruel. Poucos caem no bendito erro de valorizar demais seus companheiros cristãos.

Em referência aos não convertidos, este é um assunto muito importante. O amor "em tudo crê" no caso deles. Ele não crê que os não convertidos sejam convertidos, pois, se assim fosse, ele não buscaria a conversão deles. Ele crê que eles estão perdidos e arruinados pela Queda, mas ele crê que Deus pode salvá-los. O amor crê que o precioso sangue de Cristo pode redimir os escravos do pecado e de Satanás, e quebrar suas correntes de ferro; ele crê que

---

[4] Anthony Farindon (1598 - 1658) foi um teólogo inglês.

o poder do Espírito Santo pode transformar um coração de granito em um coração de carne. O amor, portanto, crendo nisso, também crê que Deus pode salvar esse pecador, e ele, portanto, começa a falar com esse pecador, esperando que a palavra que ele fala seja o instrumento da salvação de Deus. Quando ele se encontra sentado ao lado de um pecador, ele crê que era necessário que ele estivesse ali, assim como Cristo deveria passar por Samaria. Ele disse para si mesmo: "Agora, vou contar a esta pobre alma o que Cristo fez, pois creio que mesmo de meus pobres lábios a vida eterna pode fluir, e que, de uma criança como eu, Deus pode aperfeiçoar o louvor para sua glória". Ele não se abstém de pregar a Cristo por medo de falhar, mas crê nas grandes possibilidades que estão no evangelho e no Espírito de Deus, e assim ele lida seriamente com a pessoa próxima a ele. Ele crê em seus próprios princípios, ele crê na graça de Deus, ele crê no poder do Espírito de Deus, ele crê na força da verdade, ele crê na existência da consciência, e assim ele é movido a iniciar seu trabalho de salvação. Ele em tudo crê.

Irmãos, vocês querem um exemplo disso? Então eu imploro que vocês olhem para o seu divino Mestre mais uma vez. Vejam-no pela manhã, quando as ovelhas são contadas. Perdendo uma delas, Ele, tão cheio de esperança de que encontrará a perdida, deixa as noventa e nove e entra alegremente no descampado sem trilhas. Vejam como Ele salta sobre as montanhas! Como Ele desce as ravinas! Ele está procurando suas ovelhas até encontrá-las, pois está totalmente certo de que as encontrará. Ele não falhará nem desanimará, pois sua esperança na salvação das pessoas é grande, e Ele avança crendo que os pecadores serão salvos. Eu me deleito na confiança profunda e calma de nosso Senhor Jesus Cristo. Ele não tinha confiança na bondade do ser humano, pois "Ele bem sabia o que havia no homem"; mas Ele tinha grande confiança no que poderia ser feito nas pessoas e no que poderia ser feito por elas, e pela alegria que lhe foi apresentada nisso, Ele suportou a cruz, desprezando a vergonha. Ele tinha confiança que grandes coisas viriam de sua salvação — as pessoas seriam purificadas, o erro seria repelido, a falsidade seria eliminada e o amor reinaria supremo.

Aqui está a segunda grande vitória do amor: ele "tudo crê". Aqui, vamos nos exercitar até que sejamos experientes nisso.

O terceiro grande trabalho do amor é "tudo esperar". O amor nunca perde a esperança. Ele crê em coisas boas que ainda estão por vir em seus semelhantes, mesmo que ele não possa crer em nenhum bem presente neles. Tenha esperança em todas as coisas sobre seus irmãos. Suponha que um amigo seja membro da igreja e você não consiga ver nenhum sinal claro de graça nele: tenha esperança em todas as coisas sobre ele. Muitos crentes verdadeiros são fracos na fé, e as operações da graça são fracas neles; e alguns são colocados em posições nas quais a graça que eles têm é muito impedida e dificultada: levemos essas coisas em consideração. É difícil dizer quão pouca graça ainda pode ser suficiente para a salvação: não nos cabe julgar. Tenha esperança em todas as coisas, e se você for forçado a ver sinais tristes neles, que o fazem temer que eles não tenham graça, lembre-se de que alguns dos cristãos mais brilhantes tiveram suas falhas, e também graves. Lembre-se de si mesmo, para que você também não seja tentado. Se você não pode ter esperança que essas pessoas sejam salvas, espere que elas sejam, e faça tudo o que puder para promover um fim tão abençoado.

Espere tudo. Se seu irmão ficou muito zangado com você sem motivo, creia que você o ganhará de novo; e mãos à obra. Se você tentou e falhou, espere ter sucesso na próxima vez e tente novamente. Tenha esperança de que, embora você tenha falhado sete vezes, e ele ainda fale asperamente, ainda assim, em seu coração, ele está realmente envergonhado, ou pelo menos de que ele ficará muito em breve. Nunca se desespere de seus companheiros cristãos.

Quanto aos não convertidos, você nunca fará nada com eles, a menos que tenha esperança de grandes coisas sobre eles. Quando o bom samaritano encontrou o pobre homem meio morto, se não tivesse esperança por ele, nunca teria derramado o azeite e o vinho em suas feridas, mas o teria deixado ali para morrer. Cultive grande esperança sobre os pecadores. Sempre tenha esperança de que eles ainda serão salvos: embora nenhum bom sinal seja aparente neles. Se você fez o melhor por eles, mas foi desapontado e derrotado, ainda tenha esperança por eles. Às vezes você encontrará motivo de esperança no fato de eles começarem a frequentar um local de culto. Agarre-se a isso e diga: "Quem sabe? Deus pode abençoá--los". Ou se eles são ouvintes há muito tempo, e nada de bom resultou disso, ainda tenha esperança de que o pastor um dia os alveje e a flecha perfure um vão na couraça. Quando você falou com eles pela última vez, parecia haver um pouco de bondade: seja grato por isso e tenha esperança. Se houve uma pequena alteração na vida deles, tenha esperança. Mesmo que você não consiga ver nada de esperançoso neles, espere que haja algo que você não pode ver, e talvez um efeito que eles estão tentando esconder tenha sido produzido. Tenha esperança, pois você é movido a orar por eles. Faça com que outras pessoas orem por eles, pois enquanto eles tiverem alguém para orar por eles, o caso deles não será encerrado. Se você conseguir que outros orem, haverá outra corda para o seu arco. Se eles estiverem muito doentes e você não puder ir até eles, ou se estiverem em seus leitos de morte, ainda tenha esperança sobre eles e tente enviar-lhes uma mensagem de uma forma ou de outra. Ore ao Senhor para visitá-los e salvá-los; e sempre mantenha sua esperança sobre eles. Até que eles morram. Não deixe sua esperança morrer.

Você gostaria de ver um exemplo disso? Ah, olhe para o nosso bendito Senhor, e toda a sua esperança por nós: como, sem perder a esperança por ninguém, Ele foi atrás daqueles dos quais outros teriam desistido. Se você pedir uma prova, lembre-se de como Ele foi atrás de você. Você vai perder a esperança por alguém já que Cristo não perdeu a esperança por você? As maravilhas da graça pertencem a Deus, e todas essas maravilhas foram exibidas em muitos entre nós. Se você e eu estivéssemos lá quando eles trouxeram a mulher adúltera pega em flagrante, temo que deveríamos ter dito: "Isso é muito ruim; largue-a, não dá para suportá-la". Mas, oh, veja a esperança do bendito Mestre quando até para ela Ele disse: "Mulher, onde estão aqueles teus acusadores? Nem eu também te condeno; vai-te e não peques mais". Que maravilhosa paciência, gentileza e esperança nosso Senhor demonstrou em toda a sua conversa com os Doze! Foi uma nobre esperança em Jesus que o levou a confiar em Pedro como Ele fez: depois que ele negou seu Mestre com juramentos, nosso Senhor confiou nele para alimentar suas ovelhas e seus cordeiros e colocou-o na linha de frente do serviço apostólico. Ele também teve compaixão de alguns de nós, colocando-nos no ministério e confiando-nos o evangelho, pois sabia o que o amor faria por nós e estava certo de que ainda poderia fazer algo de nós para sua glória.

A última vitória do amor está em suportar tudo, pelo que entendo ser uma perseverança paciente em amar. Este é talvez o trabalho mais difícil de todos, pois muitas pessoas podem ser afetuosas e pacientes por um tempo, mas a tarefa é aguentar ano após ano. Conheço algumas pessoas que controlam seriamente seu temperamento sob provocação e suportam muitos insultos, mas finalmente eles dizem: "Há um fim para tudo: não vou mais tolerar isso. Não posso suportar isso". Bendito seja Deus! O amor que Cristo nos dá tudo suporta. Assim como seu amor suportou até o fim, o amor que o Espírito opera em nós suporta até o fim.

Em referência primeiro aos nossos irmãos cristãos, o amor resiste a todas as rejeições. Você quer dizer que não conseguirei amá-lo, meu bom homem? Mas eu irei amar você, sim. Você me critica duramente e me faz ver que você não é uma pessoa muito amável, mas posso amá-lo apesar de tudo isso. Quê? Você vai me fazer mais uma grosseria? Eu me oporei a você, fazendo-lhe uma bondade maior do que antes. Você disse uma coisa vil sobre mim; não vou ouvir, mas se for possível, direi uma coisa gentil a seu respeito. Vou cobrir você com brasas até o derreter; eu lutarei contra você com chamas de amor até que sua raiva seja consumida. Vou dominá-lo sendo mais gentil com você do que você foi cruel comigo. Que hostes de mal-entendidos e grosserias existem; mas se você for um verdadeiro cristão, você deve suportar tudo isso. Se você tiver de lidar com pessoas que não toleram nada de você, cuide para ser duplamente paciente com elas. Que crédito há em suportar aqueles que toleram você? Se seus irmãos estão zangados sem motivo, tenha pena deles, mas não deixe que eles o vençam, deixando-o de mau humor. Permaneça firme no amor; não suporte algumas coisas, mas tudo, por amor de Cristo; então você provará ser um cristão de fato.

Quanto ao seu trato com os não convertidos, se alguma vez você for ao campo atrás de almas, certifique-se de carregar sua arma com você, e essa arma é o amor. Os cavalheiros que saem caçando perdizes e outros pássaros nesta época do ano sem dúvida acham isso um passatempo agradável; mas para verdadeira emoção, alegria e prazer, prefiro ganhar almas. O que nosso Senhor disse: "Eu vos farei pescadores de homens". Se sair à pesca de almas, você terá de suportar todas as coisas, porque acontecerá que alguns que você procura há muito tempo piorarão em vez de melhorarem. Suporte isso acima de tudo. Aqueles a quem você procura abençoar podem parecer totalmente incapazes de serem ensinados, podem fechar os ouvidos e se recusar a ouvi-lo; não importa, suporte tudo. Eles podem ficar amargos e mal-humorados e insultá-lo em sua raiva, mas não se deixe levar por eles; deixe-os lutar até que estejam cansados e, enquanto isso, você espera em silêncio, dizendo a si mesmo: "Devo salvá-los". Um guarda que tem de cuidar de pessoas insanas será frequentemente atacado por elas e terá de sofrer golpes duros; mas o que ele faz? Bate no paciente e briga? Não, ele o segura e o imobiliza rapidamente; mas não com raiva, pois ele tem muita pena do paciente para ficar com raiva. Uma enfermeira com um paciente delirante dá atenção a suas palavras desconexas, resmungos e protestos? Não. Ela diz: "Devo tentar salvar a vida desta pessoa", e assim, com grande bondade, ela "tudo suporta". Se você fosse um bombeiro e encontrasse uma pessoa em um cômodo no andar de cima, e a casa estivesse pegando fogo, você não lutaria com ela em vez de deixá-la permanecer no cômodo e queimar? Você diria: "Vou salvar você apesar de si mesmo". Talvez o tolo o chamasse de nomes feios e dissesse: "Deixe-me em paz, por que você tinha que entrar em meu cômodo?". Mas você diria: "Releve minha intromissão; depois pedirei desculpas por minha grosseria, mas você deve estar a salvo do fogo primeiro". Peço a Deus que lhe dê essa abençoada falta de educação, esse doce esquecer-se de todas as coisas, se de alguma forma você puder salvar alguns.

Se você deseja ver o exemplo e o modelo de suportar de modo perseverante, olhe ali! Eu gostaria que você pudesse ver isso. Eu gostaria que esses olhos pudessem ter a visão como eu às vezes a vejo. Veja a cruz! Veja o Sofredor paciente e aquela multidão indecente: eles colocam a língua para fora, eles zombam, eles brincam, eles blasfemam; e lá está Ele pendurado, triunfante em sua paciência, vencendo o mundo, a morte e o inferno ao suportar "tudo". Ó amor, você nunca se sentou em um trono tão imperial quanto a cruz, quando ali, na pessoa do Filho de Deus, você tudo suportou. Oh, que possamos copiar em alguma medida humilde esse padrão perfeito que está aqui colocado diante de nós. Se vocês querem ser salvadores, se querem abençoar sua geração, que nenhuma indelicadeza os assuste; que nenhum fato de seu próprio caráter, honra ou paz de espírito o impeça, mas que de você possa ser dito, assim como foi de seu Senhor: "Salvou os outros e a si mesmo não pode salvar-se".

Não mostrei a vocês quatro grandes batalhas que superam de longe todas as Waterloos,[5] Trafalgars,[6] Almas[7] e Inkermans[8] registradas? Heróis são aqueles que lutam e as vencem, e o Senhor Deus do amor os coroará.

III

Termino observando AS FONTES DA ENERGIA DO AMOR. O tempo se foi, como eu pensei que iria, mas nos trouxe ao círculo de onde começamos. Somente o Espírito Santo pode ensinar aos seres humanos como amar e dar-lhes poder para fazê-lo. A arte do amor não é aprendida em nenhuma outra escola senão aos pés de Jesus, onde o Espírito de amor repousa sobre aqueles que dele aprendem. Amados, o Espírito de Deus coloca amor em nós e nos ajuda a mantê-lo, assim: primeiro, o amor conquista essas vitórias, pois é sua natureza. A natureza do amor é o autossacrifício. O amor é o inverso de buscar sua autossatisfação. O amor é intenso; o amor está queimando; portanto ele queima seu caminho para a vitória. O amor! Veja-o nas mães. É difícil para elas perderem o descanso, a

---

[5] A Batalha de Waterloo foi um confronto militar em 18 de junho de 1815 em Waterloo, na atual Bélgica, entre os exércitos britânicos e prussianos contra os exércitos de Napoleão Bonaparte. Os britânicos e os prussianos ganharam.

[6] A Batalha de Trafalgar foi um confronto naval em 21 de outubro de 1805 no cabo de Trafalga, na costa espanhola, entre frotas franco-espanholas contra as britânicas. Os britânicos venceram.

[7] A Batalha do Rio Alma foi um confronto militar na Guerra da Crimeia em 20 de setembro de 1854 entre forças anglo-franco-egípcias contra as russas. Os russos perderam.

[8] A Batalha de Inkerman foi um confronto militar na Guerra da Crimeia em 5 de novembro de 1854 em Inkerman, perto do mar Negro, entre forças franco-britânicas e as russas. Os russos perderam.

paz e o conforto por seu filho? Se lhes custa dor, elas o tornam prazeroso pela intensidade de seu sentimento. É da natureza do amor cortejar as dificuldades e alegrar-se com o sofrimento pelo objeto amado. Se você tem amor fervoroso pelas almas das pessoas, saberá como isso é verdade.

Além disso, o amor tem quatro doces companheiros. Há com ele a bondade que "tudo sofre", a fé que "tudo crê", a esperança que "tudo espera" e a paciência que "tudo suporta", e aquele que tem bondade, fé, esperança e paciência tem um quaternário corajoso de graças para protegê-lo, e ele não precisa ter medo. O melhor de tudo é que o amor extrai sua vida das feridas de Cristo. O amor pode sofrer, crer, esperar e suportar porque Cristo sofreu, creu, esperou e suportou por ele. Eu ouvi falar de alguém que teve uma mudança repentina: dizem que ele viu algo que os outros nunca viram, e ouviu uma voz que os outros nunca ouviram, e ele se tornou um homem tão estranho que os outros o admiraram. Oh, se eu tivesse cada vez mais esse tipo de mudança repentina solene que vem de sentir uma mão perfurada colocada em meu ombro, e ouvir em meu ouvido uma voz triste, aquela mesma voz que clamava: "Deus meu, Deus meu, por que me desamparaste?". Eu teria aquela visão e ouviria aquela voz, e então — o quê? Ora, devo amar; devo amar; devo amar. Essa seria a estranha predisposição e a doce mudança repentina da alma. O amor nos faz amar; o amor nos comprou, nos buscou e nos trouxe aos pés do Salvador, e daqui em diante nos constrangerá a atos que de outra forma seriam impossíveis. Você já ouviu falar de pessoas às vezes enlouquecidas fazendo coisas que carne e sangue comuns nunca poderiam ter feito. Oh, que sejamos distraídos do egoísmo pelo amor de Cristo e enlouquecidos no esquecimento de nós mesmos por uma paixão suprema pelo Crucificado. Não sei como colocar meus pensamentos em palavras para que possam sugerir meu significado ardente. Que o Senhor do amor olhe em seus olhos com aqueles olhos que outrora estavam vermelhos de chorar pelo pecado humano: que Ele toque suas mãos com aquelas mãos que foram pregadas na cruz, e imprima as marcas benditas em seus pés, e então que Ele possa perfurar seu coração até que ele derrame uma vida por amor e flua em correntes de desejos bondosos, ações generosas e sacrifícios santos para Deus e para seu povo. Deus assim conceda a vocês, pelo amor de Jesus. Amém!

8

NÃO NOS INDUZAS À TENTAÇÃO

Não nos induzas à tentação.
MATEUS 6:13

OUTRO dia, eu estava examinando um livro de sermões para jovens, e encontrei o esboço de um discurso que me pareceu uma pedra preciosa perfeita. Eu a darei a vocês. O texto é oração do Pai-nosso, e a exposição é dividida em títulos muito instrutivos:

"Pai nosso que estás no céu" — um filho fora de casa.

"Santificado seja o teu nome" — um adorador.

"Venha o teu Reino" — um súdito.

"Seja feita a tua vontade, tanto na terra como no céu" — um servo.

"O pão nosso de cada dia dá-nos hoje" — um solicitante.

"Perdoa-nos as nossas dívidas, assim como nós perdoamos aos nossos devedores" — um pecador.

"E não nos induzas à tentação, mas livra-nos do mal" — um pecador em perigo de ser um pecador ainda maior.

Os títulos são, em todos os casos, os mais apropriados e condensam fielmente os pedidos. Agora, se você se lembrar do esboço, notará que a oração é como uma escada. Os pedidos começam no topo e vão descendo. "Pai nosso que estás no céu": um filho, um filho do Pai celestial. Agora, ser um filho de Deus é a posição mais elevada possível para o ser humano. "Vede quão grande amor nos tem concedido o Pai: que fôssemos chamados filhos de Deus." Isso é o que Cristo é — o Filho de Deus, e "Pai nosso" é apenas uma forma plural do próprio termo que Ele usa ao se dirigir a Deus, pois Jesus diz: "Pai". É uma posição muito elevada, graciosa e exaltada, que pela fé ousamos ocupar quando dizemos de maneira inteligente: "Pai nosso que estás no céu". É um degrau para o próximo: "Santificado seja o teu nome". Aqui temos um adorador adorando com humilde reverência o Deus três vezes santo. O lugar de um adorador é alto, mas não atinge a excelência da posição do filho. Os anjos são adoradores, sua música incessante santifica o nome de Deus; mas eles não podem dizer: "Pai nosso", "porque a qual dos anjos disse jamais: 'Tu és meu Filho'?". Eles devem se contentar em estar em uma posição bastante elevada, mas não podem alcançar o cume, pois nem por adoção, nem por regeneração, nem por união com Cristo eles são filhos de Deus. "Aba, Pai" é para os humanos, não para os anjos e, portanto, a frase de adoração da oração é um degrau abaixo do "Pai nosso" inicial. O próximo pedido é para nós como súditos: "Venha o teu Reino". O súdito é inferior ao adorador, pois a adoração é um compromisso elevado em que o ser humano exerce um sacerdócio e é visto em estado humilde, mas honroso. O filho adora e depois confessa a realeza do Grande Pai. Descendo ainda, a próxima posição é a de um servo: "Seja feita a tua vontade, tanto na terra como no céu". Isso é outro degrau abaixo de um súdito, pois sua majestade, a Rainha,[1] tem muitos súditos que não são seus servos. Eles não são obrigados a servi-la no palácio com serviço pessoal, embora a tenham como sua honorável soberana. Duques e semelhantes são seus súditos, mas não seus servos. O servo está um grau abaixo do súdito. Cada um reconhecerá que o próximo pedido é muito mais baixo, pois é o de um suplicante: "O pão nosso de cada dia dá-nos hoje" — alguém que pede por pão — um suplicante diário — alguém que continuamente tem de apelar para o amor, até mesmo para seu sustento. Esse é um lugar adequado para nós, que devemos tudo ao amor do céu. Mas há um degrau mais baixo que o do suplicante, e esse é o lugar do pecador. O verbo "perdoar" é mais humilde do que "dar". "Perdoa-nos as nossas dívidas, assim como perdoamos aos nossos devedores." Aqui também cada um pode assumir sua posição, pois nenhuma palavra convém melhor aos nossos lábios indignos do que a oração "perdoa". Enquanto vivermos e pecarmos, devemos chorar e clamar: "Tem misericórdia de nós, ó Senhor". E agora, bem no fim da escada, está um pecador, com medo de um pecado ainda maior, em perigo extremo e em fraqueza consciente, sensível ao pecado passado e com medo dele no futuro: ouça-o como com os lábios trêmulos ele clama nas

---

[1] Na época, a rainha Victoria do Reino Unido (1819-1901), que reinou de 1837 a 1901.

palavras do nosso texto: "E não nos induzas à tentação, mas livra-nos do mal".

E, no entanto, queridos amigos, embora eu tenha descrito a oração como um descer, em questões de graça é o mesmo que subir, como poderíamos prontamente mostrar se o tempo permitisse. De qualquer forma, o processo descendente da oração pode igualmente ilustrar o avanço da vida divina na alma. A última parte da oração contém uma experiência interior mais profunda do que a parte anterior. Todo cristão é um filho de Deus, um adorador, um súdito, um servo, um suplicante e um pecador; mas não é todo mundo que percebe as seduções que o cercam, ou sua própria tendência de ceder a elas. Não é todo filho de Deus, mesmo quando avançado em idade, que conhece plenamente o significado de ser induzido à tentação; pois alguns seguem um caminho fácil e raramente recebem tapas; e outros são bebês tão novos que mal conhecem suas próprias corrupções. Para entender nosso texto totalmente, uma pessoa deveria ter tido experiências fortes em guerras e ter lutado contra o inimigo dentro de sua alma por muitos dias. Aquele que escapou por um triz oferece esta oração com uma ênfase de significado. Aquele que sentiu a rede do passarinheiro sobre ele — aquele que foi capturado pelo adversário e quase destruído — ora com terrível anseio: "Não nos induzas à tentação".

Eu pretendo neste momento, ao tentar apresentar essa oração a vocês, observar, antes de tudo, o espírito que sugere tal pedido; em segundo lugar, as provações que tal oração desaprova; e então, em terceiro lugar, as lições que ela ensina.

I

O QUE SUGERE UMA ORAÇÃO COMO ESTA — "Não nos induzas à tentação" — ?

Primeiro, pela posição da frase, deduzo, por um leve processo de raciocínio, que ela é sugerida pela vigilância. Esse pedido segue após a sentença: "Perdoa-nos as nossas dívidas". Suponho que o pedido foi atendido e que o pecado da pessoa foi perdoado. E depois? Se você olhar para trás em sua própria vida, logo perceberá o que geralmente acontece com alguém perdoado, pois "como na água o rosto corresponde ao rosto, assim o coração do homem ao homem". A experiência interior de alguém que crê é como a de outro, e seus próprios sentimentos foram os mesmos que os meus. Imediatamente depois que o penitente recebe o perdão e tem a sensação disso em sua alma, ele é tentado pelo Diabo, pois Satanás não suporta perder seus súditos, e quando os vê cruzar a linha de fronteira e escapar de suas mãos, ele reúne todas as suas forças e exerce toda a sua astúcia se, por ventura, ele conseguir matá-los de uma vez. Para enfrentar esse ataque excepcional, o Senhor torna o coração vigilante. Percebendo a ferocidade e a sutileza das tentações de Satanás, o cristão recém-nascido, alegrando-se com o perfeito perdão que recebeu, clama a Deus: "Não nos induzas à tentação". É o medo de perder a alegria do pecado perdoado que assim clama ao bom Senhor: "Pai nosso, não permitas que percamos a salvação que obtivemos tão recentemente. Nem mesmo expô-la ao perigo. Não permitas que Satanás destrua nossa paz recém-encontrada. Nós escapamos recentemente, não nos afunde nas profundezas de novo. Nadando até a praia, alguns em pranchas e outros em pedaços quebrados do navio, chegamos a salvo à terra; não nos obrigue a desafiar o tempestuoso mar aberto novamente. Não nos lances mais sobre as ondas turbulentas. Ó Deus, vemos o inimigo avançando: ele está pronto, se puder, para nos peneirar como trigo. Não permitas que sejamos colocados em sua peneira, mas livra-nos, nós te pedimos". É uma oração de vigilância; e note bem, embora tenhamos falado da vigilância como necessária no início da vida cristã, ela é igualmente necessária até o fim. Não há hora em que um cristão possa dormir. Vigiem, peço-lhes, quando estiverem sozinhos, pois a tentação, como uma assassina rastejante, tem sua adaga para atacar corações sozinhos. Vocês devem trancar bem a porta se quiserem impedir a entrada do Diabo. Vigiem-se em público, pois as tentações em grupos fazem com que suas flechas voem durante o dia. Os companheiros mais selecionados que vocês podem escolher não estarão sem alguma influência maligna sobre vocês, a menos que vocês estejam vigilantes. Lembrem-se das palavras de nosso bendito Mestre: "As coisas que vos digo, digo-as a todos: Vigiai", e enquanto vocês vigiam, esta oração muitas vezes brotará do mais íntimo de seu coração:

> Do poder da tentação sombria,
> E dos ardis de Satanás, defenda a mim;
> Livra-me na hora do mal,
> E guia-me até o fim.

É a oração de vigilância.

Em seguida, parece-me ser a oração natural de santo horror ao próprio pensamento de cair novamente no pecado. Lembro-me da história de um trabalhador de minas, que, tendo sido um blasfemador grosseiro, um homem de vida devassa e de tudo o que era ruim, quando convertido pela graça divina, teve um medo terrível de que seus antigos companheiros o fizessem regressar ao pecado. Ele sabia ser um homem de fortes paixões e muito propenso a ser desviado pelos outros e, portanto, em seu medo de ser atraído para seus antigos pecados, orou com veemência para que, o mais rápido possível, ele viesse a morrer antes de voltar aos seus velhos hábitos. Ele morreu ali mesmo. Talvez tenha sido a melhor resposta para a melhor oração que o pobre homem poderia ter feito. Tenho certeza de que qualquer um que já viveu uma vida má, se a maravilhosa graça de Deus o arrebatou dela, concordará que a oração do mineiro não foi nem um pouco empolgante. Seria melhor para nós morrer de uma vez do que viver e voltar ao nosso primeiro estado e trazer desonra ao nome de Jesus Cristo, nosso Senhor. A oração diante de nós brota do recuo da alma na primeira abordagem do tentador. Os passos do demônio caem no ouvido assustado do tímido penitente; ele estremece como uma folha ao vento e grita: "O quê? Ele está vindo de novo? E é possível que eu caia de novo? E posso mais uma vez contaminar essas vestes com aquele repugnante pecado assassino que matou meu Senhor?". "Ó, meu Deus, a oração parece dizer: 'Guarda-me de um mal tão terrível. Guia-me, peço-te, para onde quiseres — sim, mesmo através do vale escuro da morte, mas não me induzas à tentação, para que eu não caia e te desonre'." Gato escaldado tem medo de água fria. Aquele que uma vez foi pego na armadilha para ursos carrega as cicatrizes em sua carne e tem um medo terrível de ser novamente preso por seus dentes cruéis.

O terceiro pensamento também é muito aparente; ou seja, a desconfiança da força pessoal. Alguém que se sinta forte o suficiente para qualquer coisa é ousado e até pede pela batalha que provará seu poder. "Oh, diz ele, não me importo; todos que quiserem podem se reunir contra mim; sou bastante capaz de cuidar de mim mesmo e me defender contra qualquer multidão." Ele está pronto para ser levado ao conflito e anseia pela briga. Não é assim com aquele que foi ensinado por Deus e conheceu sua própria fraqueza; ele não quer ser julgado, mas procura lugares tranquilos onde possa estar fora de perigo. Coloque-o na batalha, e ele será um corajoso; deixe-o ser tentado, e você verá como ele será firme; mas ele não procura o conflito, como, penso eu, poucos soldados que sabem o que significa lutar procurarão. Certamente, apenas aqueles que nunca sentiram o cheiro da pólvora, ou viram os cadáveres empilhados em massas sangrentas uns sobre os outros, estão tão ansiosos pelo tiro e pelo projétil, mas o veterano prefere aproveitar os tempos de paz. Nenhum cristão experiente jamais deseja o conflito espiritual, embora talvez alguns recrutas inexperientes possam provocá-lo. No cristão, uma lembrança de sua fraqueza anterior — suas decisões quebradas, suas promessas não cumpridas — o faz orar para que no futuro não seja severamente testado. Ele não ousa confiar em si mesmo novamente. Ele não quer lutar com Satanás ou com o mundo, mas ele pede que, se possível, seja afastado desses encontros severos, e sua oração é: "Não nos induzas à tentação". O cristão sábio mostra uma santa desconfiança — não, acho que posso dizer um completo desespero de si mesmo: e mesmo sabendo que o poder de Deus é forte o suficiente para qualquer coisa, ainda assim o senso de sua fraqueza é tão pesado sobre ele que ele implora para ser poupado de muitas provações. Daí o clamor: "Não nos induzas à tentação".

Também não esgotei completamente, penso, as fases do espírito que sugerem essa oração, pois me parece surgir um pouco do amor. "Do amor?", diz você. "Como assim?". Bem, a conexão deve ser sempre observada e, ao ler a frase anterior em conexão com ela, temos as palavras "assim como nós perdoamos aos nossos devedores; e não nos induzas à tentação". Não devemos ser muito severos com aquelas pessoas que fizeram algo errado e nos ofenderam, mas orar: "Senhor, não nos induzas à tentação". Sua criada, pobre moça, roubou uma ninharia de sua propriedade. Não desculpo o roubo dela, mas imploro que você pare um pouco antes de arruinar o caráter dela para o resto da vida. Pergunte a si mesmo: "Será que eu não teria feito o mesmo se estivesse no lugar dela? Senhor, não me induzas à tentação". É verdade que foi muito errado aquele jovem lidar de forma tão desonesta com seus bens. Ainda assim, você sabe, ele estava sob grande pressão de uma grande força e só cedeu por compulsão. Não seja muito severo. Não diga: "Levarei até as últimas consequências; farei com que a lei seja aplicada a ele". Não, mas espere um pouco; deixe a piedade falar, deixe a voz prateada da misericórdia implorar a você. Lembre-se de si mesmo, para que você também não seja tentado, e ore: "Não nos induzas à tentação". Receio que, como alguns se comportam mal sob a tentação, outros de nós poderiam ter feito pior se estivéssemos lá. Eu gosto, quando consigo, de formar um julgamento gentil sobre os que erram; e isso me ajuda quando imagino ter sido submetido a suas provações e ter olhado para as coisas de seu ponto de vista, e ter estado em suas circunstâncias, e não ter nada da graça de Deus para me ajudar: eu não teria caído tão baixo quanto eles, ou mesmo ido além deles na maldade? Não poderá chegar o dia a vocês que não mostram misericórdia, no qual terão de pedir misericórdia para si mesmos? Eu disse "não poderá chegar a vocês"? Não, chegará a vocês. Ao deixar tudo em nível baixo, você terá de olhar em retrospectiva para sua vida e ver muito o que lamentar, a que você pode apelar senão à misericórdia de Deus? E se Ele lhe respondesse: "Suplicaram-lhe por sua misericórdia, e você não teve nenhuma. Assim como você retribuiu aos outros, eu retribuirei a você". Que resposta você teria se Deus tratasse você assim? Tal resposta não seria justa e correta? Todo mundo não deveria ser pago em sua própria moeda quando estiver sendo julgado no tribunal? Por isso, penso que esta oração "Não nos induzas à tentação" deve brotar muitas vezes do coração mediante um sentimento de amor para com os outros que erraram, que são da mesma carne e sangue que nós. Agora, sempre que virem o bêbado cambaleando pelas ruas, não se considerem melhor do que ele, mas digam: "Não nos induzas à tentação". Quando vocês pegarem o jornal e lerem que pessoas de alta posição traíram sua confiança em troca de ouro, condenem sua conduta se quiser, mas não se gloriem em sua própria firmeza, mas clamem com toda humildade: "Não nos induzas à tentação". Quando a pobre moça seduzida dos caminhos da virtude cruzar com você, não olhe para ela com o desprezo que a entregaria à destruição, mas diga: "Não nos induzas à tentação". Isso nos ensinaria maneiras mais brandas e gentis com homens e mulheres pecadores se essa oração estivesse tão frequente em nossos corações quanto em nossos lábios.

Mais uma vez, você não acha que esta oração respira o espírito de confiança — confiança em Deus? "Ora, diz alguém, não vejo isso". Para mim — não sei se serei capaz de transmitir meu pensamento — há um grau de familiaridade muito terna e ousadia santa nessa expressão. Claro, Deus vai me guiar agora que sou seu filho. Além disso, agora que Ele me perdoou, sei que não me levará aonde eu possa sofrer algum mal. Minha fé deve saber e crer, mas por várias razões surge em minha mente um medo de que sua providência me conduza aonde serei tentado. Esse medo é certo ou errado? Isso sobrecarrega minha mente; posso ir com medo ao meu Deus? Posso expressar em oração essa apreensão da alma? Posso derramar essa ansiedade diante do grande, sábio e amoroso Deus? Não será impertinente? Não, não será, pois Jesus põe as palavras em minha boca e diz: "Ore desta maneira". Você tem medo de que Ele possa induzi-lo à tentação, mas Ele não o fará; ou se Ele achar conveniente tentar você, Ele também lhe dará força para resistir até o fim. Ele terá prazer em sua infinita misericórdia em preservá-lo. Para onde Ele o conduzir, será perfeitamente seguro para você seguir, pois sua presença fará com que o ar mais mortal se torne saudável. Mas uma vez que instintivamente você tem medo de ser conduzido aonde a luta será muito dura e o caminho muito difícil, diga isso ao seu Pai celestial sem reservas. Você sabe que em casa, se um filho tem alguma reclamação contra o pai, é sempre melhor que ele conte. Se ele pensa que seu pai o ignorou no outro dia, ou pensa que a tarefa que seu pai lhe deu é muito severa, ou imagina que seu pai espera demais dele — se ele não diz nada sobre isso, ele pode ficar de mau humor e perder muito da ternura amorosa que o coração de um filho sempre deve sentir. Mas quando o filho diz francamente: "Pai, não quero que pense que não o amo ou que não posso confiar em você, mas tenho um pensamento problemático em minha mente e direi de maneira direta que é o caminho mais sábio a seguir e mostra uma confiança filial". Essa é a maneira de manter o amor e a confiança. Portanto, se você tem uma suspeita em sua alma de que talvez seu Pai possa colocá-lo em uma tentação forte demais para você, diga-lhe. Diga a Ele, embora pareça tomar uma grande liberdade. Embora o medo possa ser fruto da incredulidade, torne-o conhecido de seu Senhor e não o guarde mal-humorado. Lembre-se de que a oração do Pai-nosso não foi feita para Ele, mas para você e, portanto, ela coloca os assuntos sob o seu ponto de vista e não sob os do Senhor. O Pai-nosso não é para nosso Senhor; é para nós, seus filhos; e os filhos dizem a seus pais tantas coisas apropriadas, mas que não são sábias e precisas segundo a medida do conhecimento de seus pais. Os pais deles sabem o que seus corações querem dizer, e ainda assim pode haver muito no que eles dizem que é tolo ou errado. Portanto, vejo essa oração como exibindo aquela bendita confiança pueril que conta a seu pai um medo que o entristece, seja esse medo totalmente correto ou não. Amados, não precisamos debater aqui a questão de saber se Deus nos induz à tentação ou não, ou se podemos cair da graça ou não; basta que tenhamos medo e nos seja permitido contá-lo a nosso Pai celestial. Sempre que você tiver algum tipo de medo, corra para contar àquele que ama seus pequeninos e, como um pai, tem piedade deles e acalma até mesmo seus temores desnecessários.

Assim, mostrei que o espírito que sugere essa oração é o da vigilância, do santo horror ao próprio pensamento do pecado, da desconfiança de nossas próprias forças, do amor para com os outros e da confiança em Deus.

II

Em segundo lugar, vamos perguntar: QUAIS SÃO ESTAS TENTAÇÕES QUE A ORAÇÃO DESAPROVA? Ou melhor, quais são essas provações que são tão temidas?

Eu não acho que a oração tenha a intenção de pedir a Deus que nos poupe de sermos afligidos para o nosso bem, ou para nos salvar de sofrermos como uma punição. É claro que devemos ficar felizes em escapar dessas coisas; mas a oração visa à outra forma de provação e pode ser parafraseada assim: "Salva-me, ó Senhor, de tais provações e sofrimentos que podem me levar ao pecado. Poupe-me de grandes provações, para que eu não caia por elas superarem minha paciência, minha fé ou minha firmeza".

Agora, o mais brevemente possível, mostrarei a vocês como as pessoas podem ser induzidas à tentação pela mão de Deus.

E a primeira é pela retirada da graça divina. Suponham por um momento — é apenas uma suposição — que o Senhor nos deixe completamente, então pereceríamos de forma rápida; mas suponha — e isso não é uma suposição vazia — que Ele tirasse sua força de nós em alguma medida; não estaríamos em uma situação ruim? Suponha que Ele não sustentasse nossa fé: que incredulidade exibiríamos. Suponha que Ele se recusasse a nos apoiar no tempo de provação para que não mantivéssemos mais nossa integridade, o que seria de nós? Ah, a pessoa mais justa não permaneceria justa por muito tempo, nem a mais santa, santa por mais tempo. Suponha, querido amigo — você que anda na luz do semblante de Deus e carrega o jugo da vida tão facilmente porque Ele o sustenta — que a presença dele fosse retirada de você, qual deve ser a sua porção?

Somos todos tão parecidos com Sansão nesse assunto que devo trazê-lo como ilustração, embora ele tenha sido frequentemente usado para esse propósito por outros. Enquanto os cabelos de nossa cabeça não forem cortados, podemos fazer tudo e qualquer coisa: podemos rasgar leões, carregar portões de Gaza e ferir os exércitos estrangeiros. É pela marca consagradora divina que somos fortes na força de seu poder; mas se o Senhor se retirar de uma vez e tentarmos o trabalho sozinhos, então seremos fracos como o menor inseto. Quando o Senhor se apartou de você, ó Sansão, o que você era mais do que outro? Então o clamor, "os filisteus vêm sobre ti, Sansão", é o dobre fúnebre de toda a sua glória. Você mexe em vão esses seus braços e suas pernas fortes. Agora você terá os seus olhos arrancados e os filisteus zombarão de você. Em vista de uma catástrofe semelhante, podemos estar em agonia de súplica. Ore então: "Senhor, não me deixes; e não me induzas à tentação, tirando de mim o teu Espírito".

> Guarda-nos, Senhor, oh guarda-nos sempre,
> Vã é nossa esperança se deixada por ti;
> Somos teus, oh nunca nos deixes,
> Até a tua face no céu nós vermos;
> Lá para te louvar
> Ao longo de uma eternidade brilhante.
>
> Todas as nossas forças de uma vez nos falhariam,
> Se abandonados formos, Senhor, por ti;
> Nada então poderia nos valer,
> Certamente nossa derrota seria:
> Aqueles que nos odeiam
> Daí em diante, seu desejo veriam se cumprir.

Outro conjunto de tentações será encontrado em condições providenciais. As palavras de Agur, filho de Jaque, serão minha ilustração aqui: "Afasta de mim a vaidade e a palavra mentirosa; não me dês nem a pobreza nem a riqueza; mantém-me do pão da minha porção acostumada; para que, porventura, de farto te não negue e diga: 'Quem é o SENHOR?'. Ou que, empobrecendo, venha a furtar e lance mão do nome de Deus". Alguns de nós nunca souberam o que realmente significa necessidade, mas desde a juventude vivemos em conforto social. Ah, queridos amigos, quando vemos o que a pobreza extrema levou alguns a fazerem, como sabemos que não teríamos nos comportado ainda pior se estivéssemos tão pressionados quanto eles? Podemos muito bem estremecer e dizer: "Senhor, quando vejo famílias pobres amontoadas em um pequeno cômodo onde mal há espaço para respeitar a decência comum; quando mal vejo pão suficiente para impedir que as crianças chorem de fome; quando vejo as roupas gastas em suas costas e muito finas para proteger do frio... rogo-te que não me submetas a tal provação, para que, se eu estivesse em tal caso, pudesse estender minha mão e roubar. Não me induzas à tentação de deplorável necessidade".

E, por outro lado, observe as tentações do dinheiro quando os seres humanos têm mais para gastar do que podem precisar, e há ao seu redor uma sociedade que os tenta a apostar em corridas, em jogos de azar, prostituir-se e todo tipo de iniquidade. O jovem que tem uma fortuna à mão antes de atingir os anos de prudência está cercado por bajuladores e tentadores, todos ansiosos para roubá-lo; você se pergunta por que ele é levado ao vício e se torna alguém moralmente arruinado? Como um rico galeão atacado por piratas, ele nunca está fora de perigo; é de se admirar que ele nunca chegue ao porto seguro? As mulheres o tentam, as pessoas o lisonjeiam, vis mensageiros do Diabo o bajulam, e o jovem simplório vai atrás deles como um boi para o matadouro, ou como um pássaro que corre para a armadilha e não sabe que isso é para capturar sua vida. Você pode muito bem agradecer aos céus por nunca ter conhecido a tentação, pois se ela fosse colocada em seu caminho, você também estaria em grave perigo. Se as riquezas e a honra o seduzem, não as siga ansiosamente, mas ore: "Não nos induzas à tentação".

Posições providenciais muitas vezes testam os seres humanos. Há um homem muito pressionado por dinheiro fácil nos negócios; como ele deve pagar aquela conta vultosa? Se ele não a pagar, haverá desolação em sua família; a empresa da qual ele agora tira seu sustento quebrará; todos terão vergonha dele, seus filhos serão rejeitados e ele será arruinado. Ele tem apenas que usar uma quantia do fundo fiduciário: ele não tem o direito de arriscar um centavo, pois não é dele, mas ainda assim, por seu uso temporário, ele pode talvez superar a dificuldade. O Diabo diz que ele consegue repô--lo em uma semana. Se ele tocar naquele dinheiro, será uma ação astuta, mas então ele diz: "Ninguém sairá prejudicado por isso, e será um excelente empréstimo", e assim por diante. Se ele ceder à sugestão, e a coisa correr bem, alguns dirão: "Bem, afinal de contas, não havia muito mal nisso, e foi um passo prudente, pois o poupou da ruína". Mas se der errado e ele for descoberto, todos dizem: "Foi um roubo vergonhoso. O homem deveria ser levado para uma colônia penal". Mas, irmãos, a ação foi errada em si mesma, e as consequências não a tornam melhor nem pior. Não condene amargamente, mas ore repetidamente: "Não nos induzas à tentação. Não nos induzas à tentação". Você vê que Deus providencialmente, às vezes, coloca pessoas em tais posições, nas quais elas são severamente provadas. É para o bem delas que são provadas e, quando podem suportar a prova, engrandecem a graça de Deus e elas próprias se tornam pessoas mais fortes: o teste tem usos benéficos quando consegue ser suportado e, portanto, Deus nem sempre protege seus filhos dele. Nosso Pai celestial nunca teve a intenção de nos aconchegar e nos manter longe da tentação, pois isso não faz parte do sistema que Ele sabiamente providenciou para nossa educação. Ele não quer que sejamos bebês em andadores a vida toda. Ele fez Adão e Eva no jardim, e não colocou um tapume de ferro em volta da árvore do conhecimento e disse: "Vocês não podem pegá-la". Não, Ele os advertiu para não tocar no fruto, mas eles poderiam alcançar a árvore se quisessem. Ele quis dizer que eles deveriam ter a possibilidade de alcançar a dignidade da fidelidade voluntária se permanecessem firmes, mas a perderam por seu pecado; e Deus pretende, em sua nova criação, não proteger seu povo de todo tipo de teste e provação, pois isso criaria hipócritas e manteria até mesmo os fiéis fracos e pequenos. O Senhor às vezes coloca os escolhidos onde são provados, e fazemos bem em orar: "Não nos induzas à tentação".

E há tentações decorrentes de condições físicas. Existem alguns que têm um caráter muito ético porque são saudáveis; e há outros que são muito maus, os quais, não duvido, se soubéssemos tudo sobre eles, teríamos pouca tolerância para com eles, por causa da conformação infeliz de sua constituição. Ora, há muitas pessoas para quem ser alegre e generoso não é nenhum esforço, enquanto há outras que precisam trabalhar duro para se manter longe do desespero e da aversão à sociedade. Fígados doentes, corações palpitantes e cérebros feridos são coisas difíceis de combater. Aquela pobre velhinha reclama? Ela tem reumatismo há apenas trinta anos e, no entanto, de vez em quando murmura! Como você ficaria se sentisse as dores dela por trinta minutos? Eu ouvi falar de um homem que reclamava de todos. Quando ele veio a morrer, e os médicos abriram seu crânio, encontraram uma caixa encefálica bem justa, a qual fazia com que o homem sofresse de um cérebro irritável. Isso não explicava muitos de seus falares ríspidos? Não menciono esses assuntos para desculpar o pecado, mas para fazer com que você e eu tratemos essas pessoas da maneira mais gentil possível e oremos: "Senhor, não me dê tal caixa encefálica, e não me deixe ter tais reumatismos ou tais dores, porque em tal tormento eu posso ser muito pior do que eles. Não nos induzas à tentação".

Assim, novamente, as condições mentais muitas vezes fornecem grandes tentações. Quando alguém fica deprimido, ele fica tentado. Aqueles entre nós que se alegram muito frequentemente afundam tanto quanto nos levantamos, e quando tudo parece escuro ao nosso redor, Satanás certamente aproveitará a ocasião para sugerir desânimo. Deus nos livre de nos desculparmos, mas, querido irmão, ore para que você não seja levado a essa tentação. Talvez se você fosse tão sujeito ao nervosismo e ao abatimento de espírito quanto o amigo que você culpa por sua melancolia, você poderia ser mais culpado do que ele, portanto, tenha compaixão em vez de condenar.

E, por outro lado, quando os espíritos estão alegres e o coração está pronto para dançar de alegria, é muito fácil que a leviandade se intrometa e as palavras sejam ditas erradas. Ore ao Senhor para não o deixar subir tão alto nem descer tão baixo a ponto de ser levado ao mal. "Não nos induzas à tentação" deve ser nossa oração de hora em hora.

Além disso, existem tentações que surgem de associações pessoais, que são formadas para nós na ordem da Providência. Somos obrigados a evitar más companhias, mas há casos em que, sem culpa de sua parte, as pessoas são levadas a associar-se com pessoas de má reputação. Posso citar o filho piedoso cujo pai é um xingador, e a mulher piedosa recentemente convertida, cujo marido continua um xingador e blasfema o nome de Cristo. O mesmo acontece com os operários que têm de trabalhar nas oficinas, onde os libertinos, a cada meia dúzia de palavras, soltam um palavrão e despejam aquela linguagem imunda que nos choca cada vez mais. Acho que, em nossa cidade, nossos trabalhadores falam mais obscenamente do que nunca; pelo menos, ouço mais quando passo ou paro na rua. Bem, se as pessoas são obrigadas a trabalhar em tais lojas, ou a viver em tais famílias, pode haver momentos em que, sob o açoite da zombaria, do escárnio e do sarcasmo, o coração pode ficar um pouco consternado e a língua pode se recusar a falar de Cristo. Tal silêncio e covardia não devem ser desculpados, mas não censure seu irmão, mas diga: "Senhor, não me induzas à tentação". Como você sabe que seria mais ousado? Pedro cedeu diante de uma empregada tagarela, e você pode se sentir intimidado pela língua de uma mulher. A pior tentação que conheço para um jovem cristão é viver com um hipócrita — alguém tão santificado e recatado que o jovem coração, enganado pelas aparências, confia plenamente nele, enquanto o miserável é falso de coração e podre de vida. E tais miseráveis existem que, com pretensão e afetação de hipocrisia, farão atos pelos quais poderíamos chorar lágrimas de sangue: os jovens são terrivelmente cambaleantes, e muitos deles tornam-se deformados para o resto da vida em suas características espirituais pela associação com seres como esses. Quando você vir faltas causadas por causas tão comuns, mas horríveis, diga a si mesmo: "Senhor, não me induzas à tentação. Agradeço-te pelos pais piedosos, pelas amizades cristãs e pelos exemplos santos; mas o que eu poderia ter sido se fosse submetido ao inverso? Se más influências tivessem me tocado quando, como um vaso de barro, eu estava na roda de oleiro, eu poderia ter exibido falhas ainda mais grosseiras do que aquelas que agora vejo nos outros".

Assim, posso continuar a exortá-los a orar, queridos amigos, contra várias tentações; mas deixe-me dizer, o Senhor tem para alguns testes muito específicos, como pode ser visto no caso de Abraão. Ele lhe dá um filho em sua velhice e depois lhe diz: "Pegue o seu filho, seu único filho, Isaque, a quem você ama, e vá à terra de Moriá. Ali, ofereça-o em holocausto". Você fará bem em orar: "Senhor, não me induzas a uma tentação como essa. Eu não sou digno de ser tão tentado. Oh, não me testes assim". Conheço alguns cristãos que se sentam e calculam se poderiam ter agido como o patriarca. É muito tolo, querido irmão. Quando você for chamado a fazê-lo, você será habilitado a fazer o mesmo sacrifício pela graça de Deus, mas se você não for chamado a fazê-lo, por que o poder deveria ser dado? A graça de Deus será deixada sem uso? Sua força será igual ao seu dia, mas não deve excedê-lo. Eu gostaria que você pedisse para ser poupado dos testes mais severos.

Outro exemplo deve ser visto em Jó. Deus entregou Jó a Satanás com um limite, e você sabe como Satanás o atormentou e tentou dominá-lo. Se alguém orasse: "Senhor, prova-me como Jó", seria uma oração muito imprudente. "Ah, mas eu poderia ser tão paciente quanto ele", você diz. Você é o mesmo que cederia à amargura e amaldiçoaria seu Deus. Aquele que melhor exibir a paciência de Jó será o primeiro, de acordo com a ordem de seu Senhor, a orar fervorosamente: "Não nos induzas à tentação". Queridos amigos, devemos estar preparados para a provação se Deus quiser, mas não devemos ansiar por ela, mas sim orar para que ela não nos ocorra, assim como nosso Senhor Jesus, embora pronto para beber o cálice amargo, ainda em agonia exclamou: "Se é possível, que passe de mim este cálice!". As provações que se buscam não são as que o Senhor prometeu abençoar. Nenhum filho verdadeiro pede para ser disciplinado com uma vara.

Para explicar de maneira mais clara, deixe-me contar uma velha história. Li que dois homens foram condenados a morrer como mártires nos dias ardentes da rainha Mary.[2] Um deles gabou-se em tom muito alto para seu companheiro de sua confiança, de que ele seria corajoso na fogueira. Ele não se importava com o sofrimento, estava tão fundamentado no evangelho que sabia que nunca deveria negá-lo. Ele disse que ansiava pela manhã fatal, exatamente como uma noiva para o casamento. Seu companheiro de prisão na mesma câmara era uma pobre alma trêmula, que não podia e não queria negar seu Mestre; mas disse ao companheiro que tinha muito medo do fogo. Ele disse que sempre foi muito sensível ao sofrimento e temia muito que, quando começasse a arder, a dor pudesse levá-lo a negar a verdade. Ele implorou a seu amigo que orasse por ele e passava muito tempo chorando por sua fraqueza e clamando a Deus por força. O outro continuamente o repreendia e o recriminava

---

[2] Rainha Mary I da Inglaterra, Irlanda e Espanha (1516-1558) reinou entre 1553 a 1558. Ficou conhecida por tentar erradicar a Reforma Protestante inglesa, mandando queimar na estaca 280 cristãos não anglicanos.

por ser tão incrédulo e fraco. Quando ambos foram para a fogueira, aquele que havia sido tão ousado se retratou ao ver o fogo e voltou com desonra para uma vida de apóstata, enquanto o pobre homem trêmulo, cuja oração havia sido: "Não me induzas à tentação", permaneceu firme como uma rocha, louvando e engrandecendo a Deus enquanto ele era reduzido a cinzas. A fraqueza é a nossa força; e nossa força é a fraqueza. Clamem a Deus para que Ele não tente vocês além de suas forças; e na brandura cada vez menor de sua fraqueza consciente, respire a oração: "Não nos induzas à tentação". Então, se Ele o induzir ao conflito, seu Espírito Santo o fortalecerá e você será valente como um leão diante do adversário. Embora tremendo e encolhendo-se dentro de si mesmo diante do trono de Deus, você enfrentaria o próprio Diabo e todas as hostes do inferno sem um toque de medo. Pode parecer estranho, mas é assim.

III

E agora concluo com o último título: AS LIÇÕES QUE ESSA ORAÇÃO ENSINA. Não tenho tempo para estender-me. Vou apenas lançá-las em bruto.

A primeira lição da oração: "Não nos induzas à tentação" é esta: Nunca brinde à sua própria força. Nunca diga: "Oh, eu nunca cairei em tais loucuras e pecados. Eles podem me provar, mas não serão páreos para mim". Não deixe aquele que veste sua armadura se vangloriar como se a estivesse tirando. Nunca conceda um pensamento de congratulação quanto à própria força. Você não tem poder próprio, você é tão fraco quanto a água. O Diabo só precisa tocar em você no lugar certo, e você correrá de acordo com a vontade dele. Apenas deixe uma ou duas pedras soltas serem movidas, e você logo verá que o débil edifício de sua própria virtude natural cairá rapidamente. Nunca procure a tentação vangloriando-se de sua própria capacidade.

A próxima coisa é: nunca deseje a provação. Alguém já fez isso? Sim; ouvi alguém dizer outro dia que Deus o prosperou tanto por anos que ele temia não ser um filho de Deus, pois descobriu que os filhos de Deus eram castigados e, portanto, quase desejou ser afligido. Querido irmão, não deseje isso: você encontrará problemas em breve. Se eu fosse um garotinho em casa, não acho que deveria dizer a meu irmão porque ele foi castigado com uma vara: "Receio não ser filho de meu pai e temo que ele não me ame porque não estou sofrendo sob a vara. Eu gostaria que ele me castigasse apenas para me mostrar seu amor". Não; nenhum filho jamais seria tão estúpido. Não devemos, por nenhuma razão, desejar ser afligidos ou provados, mas devemos orar: "Não nos induzas à tentação".

O próximo pensamento é: nunca entre em tentação. A pessoa que ora "Não nos induzas à tentação" e depois entra nela é um mentiroso diante de Deus. Que hipócrita deve ser a pessoa que profere essa oração e depois vai para o teatro![3] Quão falso é aquele que oferece esta oração e depois fica no bar bebendo e conversando com homens depravados e garotas enfeitadas! "Não nos induzas à tentação" é uma vergonhosa profanação quando sai dos lábios de pessoas que recorrem a locais de diversão cujo tom moral é ruim.

---

[3] Formas de entretenimento, como o teatro, eram vistas como não adequadas para os cristãos por puritanos como Spurgeon.

"Oh", você diz, "você não deveria nos dizer essas coisas". Por que não? Alguns de vocês as fazem, e eu ouso repreender o mal onde quer que seja encontrado, e o farei enquanto esta língua puder se mover. Há um mundo de adoração hipócrita por aí. As pessoas vão à igreja e dizem: "Não nos induzas à tentação", e então elas sabem onde a tentação pode ser encontrada e vão direto para ela. Você não precisa pedir ao Senhor que não o conduza até lá; Ele não tem nada a ver com você. O Diabo e você irão longe o suficiente sem zombar de Deus com suas orações hipócritas. Aquele que voluntariamente comete pecado com os olhos abertos, e depois dobra os joelhos e diz meia dúzia de vezes em sua igreja em uma manhã de domingo: "Não nos induzas à tentação", é um hipócrita sem máscara sobre ele. Que ele pegue isso para si mesmo e creia que pretendo ser pessoal para ele e para hipócritas descarados como ele.

A última palavra é: se você orar a Deus para não o induzir à tentação, não leve outros a ela. Alguns parecem se esquecer excepcionalmente do efeito de seu exemplo, pois farão coisas más na presença de seus filhos e daqueles que os admiram. Agora, eu oro para que você considere que, por meio de um mau exemplo, você destrói os outros, assim como a si mesmo. Não faça nada, meu querido irmão, do qual você tenha que se envergonhar, ou que você não gostaria que outros copiassem. Faça o certo em todos os momentos e não deixe Satanás fazer de você um instrumento para destruir as almas dos outros; ore: "Não nos induzas à tentação"; então não leve seus filhos para lá. Eles são convidados na época festiva para tal e tal festa familiar, onde haverá de tudo, menos o que contribua para o seu crescimento espiritual ou mesmo para os seus bons costumes: não os deixe ir. Use sua autoridade. Seja firme sobre isso. Tendo orado uma vez: "Não nos induzas à tentação", não aja como hipócrita, permitindo que seus filhos entrem nela.

Deus abençoe essas palavras para nós. Que elas possam adentrar nossas almas e, se alguém sentir que pecou, oh, que peçam perdão agora por meio do precioso sangue de Cristo e a encontrem pela fé nele. Quando tiverem obtido misericórdia, que seu próximo desejo seja que possam ser guardados no futuro de pecar como antes, e, portanto, que orem: "Não nos induzas à tentação". Deus os abençoe.

9

A RELIGIÃO DO DIA A DIA

A vida que agora vivo na carne vivo-a na fé do Filho de Deus.
GÁLATAS 2:20

NÃO estou prestes a pregar sobre esse versículo inteiro, pois já fiz isso antes: esta única frase me bastará. Não tentarei entrar na plenitude do significado espiritual dessa passagem tão profunda e frutífera; vou apenas trazer à tona um pensamento dela e tentar elaborá-la, creio eu, para fins práticos. Às vezes, objeta-se à pregação do evangelho por exortamos as pessoas a viverem para outra esfera e não as ensinamos a viver bem na vida presente. Nada pode ser mais falso do que isso: arrisco-me a dizer que o ensino moral mais prático é dado pelos ministros do evangelho mais do que por todos os filósofos, conferencistas e moralistas juntos. Embora nos consideremos ordenados a falar de algo superior à mera moral, não obstante, e por essa mesma razão, inculcamos o código de dever mais puro, e estabelecemos as regras de conduta mais sólidas. Seria uma pena, queridos irmãos, se no processo de qualificação para a próxima vida fôssemos desqualificados para essa; mas não é assim. Seria uma coisa muito estranha se, para estarmos aptos para a companhia dos anjos, nos tornássemos incapazes de nos associarmos com os seres humanos; mas não é assim. Seria uma circunstância singular se aqueles que falam do céu não tivessem nada a dizer sobre o caminho para lá; mas não é assim. Meus irmãos, a verdadeira religião tem tanto a ver com este mundo quanto com o mundo vindouro; está sempre nos impelindo para uma vida mais elevada e melhor, mas o faz por meio de processos e preceitos que nos permitem dignamente passar nossos dias aqui embaixo. A vida de santidade nos prepara para a vida que se segue ao abandono desta carne mortal; mas como Paulo nos diz no texto, ela molda a vida que agora vivemos na carne. A fé é um princípio para uso presente; veja como ela triunfou na vida comum de acordo com o registro do capítulo 11 da epístola aos Hebreus. A vida de santidade com felicidade é um grande ganho: tem a promessa da vida que agora é, bem como a da que está por vir. A esfera da fé é terra e céu, tempo e eternidade; a amplitude de seu círculo abrange todo o nosso ser — espírito, alma e corpo; compreende o passado e o futuro, e certamente não omite o presente. A fé dos cristãos tem a ver com as coisas que agora existem; e é sobre a vida que agora vivemos na carne que falarei agora, tentando, com a ajuda do Espírito de Deus, mostrar a influência que a fé tem sobre ela.

Há sete pontos em que a fé naquele que nos amou e se entregou por nós terá uma influência distinta sobre a vida que agora vivemos na carne.

I

Para começar: A FÉ INCLINA UMA PESSOA A UMA VIDA DILIGENTE. Sugere atividade. Atrevo-me a dizer de qualquer preguiçoso que ele tem pouca ou nenhuma fé em Deus; pois a fé sempre opera — "opera por amor". Eu coloco como uma tese que será provada pela observação de que uma pessoa que crê se torna uma pessoa ativa, caso contrário é porque ela não pode agir e, portanto, o que teria sido atividade corre para o canal da paciência, e ela suporta com resignação a vontade do Altíssimo. Quem não faz nada não crê em nada, isto é, na realidade e na verdade. A fé é apenas um show vazio se não produzir resultado na vida. Se alguém que professa ser cristão não manifesta nenhuma energia, nenhuma diligência, nenhum zelo, nenhuma perseverança, nenhum esforço para servir a Deus, há motivos para questionar seriamente se ele é um cristão. É uma marca da fé, sempre que entra na alma, mesmo em seu grau mais baixo, o estimulo à atividade. Olhem para o filho pródigo e observem seus primeiros desejos. A vida da graça começa a brilhar em seu espírito, e seu primeiro efeito é a confissão do pecado. Ele clama: "Pai, pequei contra o céu e perante ti e já não sou digno de ser chamado teu filho". Mas qual é o segundo efeito? Ele deseja estar fazendo algo. "Faze-me como um dos teus trabalhadores." Não ter nada para fazer ajudou a torná-lo o prodigalizador que era. Ele havia desperdiçado sua riqueza em ociosidade desenfreada, buscando prazer sem ocupação. Ele havia mergulhado nos vícios mais sujos porque era dono do dinheiro, mas não dono de si mesmo. Não foi uma coisa ruim para ele quando foi enviado aos campos para alimentar porcos: a companhia que ele encontrou no cocho dos porcos era melhor do que aquela que ele mantinha em seus banquetes. Um dos sinais do retorno da sanidade de sua alma era sua disposição para trabalhar, embora pudesse ser apenas como um trabalhador braçal na casa de seu pai. Observe como Saulo de Tarso, mesmo antes de encontrar a fé pacífica em Cristo, clamou: "Senhor, que queres que faça?". A fé desperta a alma para a ação. É a primeira questão da inquietação que crê: "Senhores, que é necessário que eu faça para me salvar?". Portanto, a fé é uma coisa bastante útil para as pessoas no labor e na labuta desta vida mortal, porque as coloca em movimento e as fornece um motivo para o trabalho. A fé não permite que os seres humanos se deitem na cama dos preguiçosos, apáticos, frívolos, ociosos; mas faz com que a vida pareça real e intensa, e assim cinge os lombos para a corrida.

Todos devem seguir uma profissão honrada. Era uma regra da antiga Igreja e deveria ser uma das atuais: "Se alguém não quiser trabalhar, não coma". É bom para todos nós ter algo para fazer, e muito. Quando o ser humano era perfeito, Deus o colocou em um paraíso, mas não em um quarto. Ele o colocou no jardim para "o lavrar e o guardar". Não teria sido um lugar feliz para Adão se ele não tivesse nada para fazer a não ser cheirar as rosas e contemplar as flores: o trabalho era tão essencial para o ser humano perfeito quanto para nós, embora não fosse do tipo que traz suor ao rosto ou cansaço aos membros. No jardim da graça, a fé é colocada em um serviço feliz e nunca deseja ser outra coisa senão ocupada por seu Senhor.

O texto diz: "A vida que agora vivo na carne vivo-a na fé do Filho de Deus". A fé no Filho de Deus, o qual amou Paulo e se entregou por ele, sugere ao remido que ele deve ser produtivo e ativo? Com certeza sim; pois coloca o divino Salvador diante dele como um exemplo, e onde já houve alguém que trabalhou como Jesus? Em sua juventude, ele disse: "Não sabeis que me convém tratar dos negócios de meu Pai?". Ele não era o herdeiro ocioso de um nobre, mas o filho trabalhador de um carpinteiro. No céu, sua comida e bebida eram fazer a vontade daquele que o enviou. Ele diz: "Meu Pai trabalha até agora, e eu trabalho também". Seu trabalho foi árduo e doloroso: o zelo pela Casa de Deus o devorou e a intensidade do amor o consumiu. Ele trabalhou até poder dizer: "Consumei a obra que me deste a fazer". Assim, não é pouca coisa para alguém ser despertado por tal exemplo e tornar-se participante de tal espírito.

A verdadeira fé naquele que nos amou e se entregou por nós também busca a direção do Senhor quanto à esfera de sua ação e espera que seja guiada por Ele na escolha de uma profissão. Esta parte do nosso discurso pode ser útil para os jovens que ainda não decidiram o que fazer na vida. A fé é um grande serviço para nós aqui. Muito depende da escolha de nossas atividades. Erros muito graves foram cometidos nesse ponto — erros tão graves como se um pássaro no ar tivesse empreendido a perseguição a um peixe, ou um boi trabalhador tivesse entrado em competição com um cavalo de corrida. Algumas pessoas estão tentando fazer aquilo para o que nunca foram feitas, ambicionando além de sua capacidade. Esse é um mal grave. Deve haver, portanto, uma busca em Deus por orientação e direção; e a fé nos leva a tal busca. Esta oração pode ser usada em muitos sentidos: "Mostra-me o que queres que eu faça". Na escolha de uma profissão, a fé ajuda o cristão a recusar aquilo que é mais lucrativo se for acompanhada com uma moral questionável. Se o cristão pudesse ter bolsas enormes daquele ouro que é cunhado da embriaguez, da luxúria ou da impiedade das pessoas, ele desdenharia colocá-las entre suas provisões. As ocupações que são prejudiciais à mente e ao coração dos seres humanos não são profissões lícitas diante de Deus. Ganho desonesto é perda terrível. O ouro ganho por engano ou por opressão queimará na alma de seu dono como o fogo do inferno. "Ganhe dinheiro", disse o mundano a seu filho; "faça isso honestamente, se puder, mas, de qualquer maneira, ganhe dinheiro." A fé abomina esse preceito de Mamom e, tendo a providência de Deus como sua herança, despreza o suborno do Diabo. Não escolha nenhuma profissão sobre a qual não possa pedir a bênção de Deus, ou estará agindo de forma contrária à lei da fé. Se você não consegue conceber o Senhor Jesus desejando-lhe sucesso em um determinado ramo, não entre nele. Se não for possível pensar em seu Senhor sorrindo para você em sua profissão diária, então sua profissão não é adequada para ser seguida por um cristão.

As profissões devem ser escolhidas deliberadamente, tendo em vista nossa própria adequação a elas. A fé observa o desígnio de Deus e deseja agir de acordo com sua intenção. Teria sido ruim para Davi ter vivido isolado, ou para o profeta Natã ter aspirado ao trono. A lei do Reino é: "Cada um em sua própria condição" ou, em outras palavras, "Cada um de acordo com suas várias habilidades". Se o Senhor nos deu um talento, vamos usá-lo em seu próprio ramo; ou se temos dois, ou cinco talentos, vamos utilizá-los onde possam ser empregados com mais proveito, para que possamos ser encontrados servos fiéis no dia da vinda do Mestre.

Devemos também, pela fé, desejar uma profissão que a Providência evidentemente dispôs e planejou para nós. Algumas pessoas nunca tiveram uma escolha livre de qual profissão seguiriam, pois desde seu nascimento, sua posição, seu ambiente e suas conexões, elas são colocadas em uma certa linha de coisas, como carruagens nas linhas de bonde, e devem seguir na trilha designada para elas ou ficar paradas. A fé espera ouvir a voz por trás dela dizendo: "Este é o caminho, andai nele". Confiar em nosso próprio julgamento geralmente significa seguir nossos próprios caprichos, mas a fé busca a direção da sabedoria infalível e, portanto, é conduzida no caminho certo. Deus conhece sua capacidade melhor do que você; rogue a Ele que escolha sua herança para você. Se as flores se revoltassem contra o jardineiro, e cada uma escolhesse seu próprio solo, a maioria delas definharia e morreria por causa de sua posição inadequada; mas aquele que estudou sua natureza sabe que uma flor precisa de sombra e umidade; e outra precisa de luz solar e um solo leve; e assim ele coloca suas plantas onde elas têm maior probabilidade de florescer. Deus faz o mesmo conosco. Ele fez alguns para serem reis, embora poucas dessas plantas floresçam muito. Ele fez muitos serem pobres, e o solo da pobreza, embora úmido e frio, produziu muitas colheitas gloriosas para o grande Ceifador. O Senhor colocou alguns em lugares de perigo, lugares dos quais eles escapariam alegremente, mas eles são preservados por sua mão; Ele plantou muitos outros na sombra tranquila da obscuridade, e eles florescem para o louvor do grande Agricultor.

Então, veja, a fé tem muito a ver com a força e a direção de nossa vida na carne. Ela fornece ímpeto ao dar ao ser humano algo pelo qual viver; mostra-lhe as influências de longo alcance dos pensamentos e das ações de hoje, e como eles acabam em resultados eternos; e a fé também assume o leme e conduz o navio ao longo de um canal seguro em direção ao porto do santo descanso. Felizes são aqueles que, nos primeiros dias de sua juventude, creem naquele que os amou e se entregou por eles, e assim começam sua caminhada de vida com Jesus. Bendito seja Deus por converter alguns de nós quando ainda éramos meninos e meninas. Ó jovens felizes, que começam a vida com o orvalho da graça sobre eles! Nenhum príncipe dos impérios orientais jamais foi tão ricamente adornado! No futuro, vocês não terão de lamentar vinte anos gastos em erro, ou meia vida desperdiçada em pecado, ou setenta anos inteiros desperdiçados em ociosidade. Oh, que vocês, que ainda são jovens, que tem o mundo diante de vocês, possam agora ser guiados pelo Espírito a seguir a Cristo, que não agradou a si mesmo, mas fez a vontade de seu Pai, para que a vida que vocês vivem na carne sejam vividas na fé do Filho de Deus, que amou e se entregou por vocês.

II

Em segundo lugar, a FÉ LEVA UMA PESSOA A BUSCAR AJUDA DE DEUS EM SUA OCUPAÇÃO COMUM. Isso, novamente, tem uma grande influência sobre a fé. Um cristão pode buscar de Deus as qualificações para sua profissão específica. "O quê?", você diz, "Podemos orar sobre essas coisas?". Sim! O trabalhador pode suplicar a Deus em busca de força; o artesão pode pedir habilidade a Deus; o estudante pode buscar a ajuda de Deus para estimular sua inteligência. Davi foi um grande guerreiro e atribuiu seu valor a Deus, que adestrou suas mãos para a peleja e seus dedos para a batalha. Lemos sobre Bezalel e sobre as mulheres de coração sábio, os quais Deus havia ensinado para que fizessem todo tipo de bordado e trabalho em metal para a Casa do Senhor. Naqueles dias, eles costumavam considerar habilidade e invenção como dádivas de Deus; este século desprezível tornou-se sábio demais para honrar qualquer deus, exceto seu próprio eu idolatrado. Se você orar por seu trabalho, estou certo de que será auxiliado. Se você ainda está pouco qualificado para a sua profissão, pode todas as manhãs orar a Deus para ajudá-lo a ser cuidadoso e observador como um aprendiz ou principiante; pois Ele não prometeu que como os seus dias será sua força? Uma mente que confia no Senhor está na melhor condição para adquirir conhecimento e entendimento.

Quanto ao seu comportamento também no trabalho, há espaço para fé e oração. Pois, ó irmãos, qualificados ou não para quaisquer ofícios particulares desta vida, nossa conduta é o assunto mais importante. É bom ser esperto, mas é essencial ser puro. Eu gostaria que vocês fossem mestres em seus ofícios, mas gostaria ainda mais que vocês fossem honestos, verdadeiros e santos. Sobre isso, podemos ir com confiança a Deus e pedir-lhe que nos conduza por um caminho plano e sustente nossos passos para que não escorreguemos. Ele pode e vai nos ajudar a nos comportarmos com sabedoria. "Não nos induzas à tentação" é uma frase de nossa oração diária, e podemos pedir ainda que, quando estivermos em tentação, sejamos libertos do mal. Precisamos de prudência, e a fé lembra que, se alguém carece de sabedoria, pode pedi-la a Deus. A vida de santidade ensina aos jovens a prudência, e aos bebês, o conhecimento e a discrição. Vejam como José prosperou no Egito porque o Senhor estava com ele. Ele foi colocado em posições muito difíceis; em uma ocasião, em uma posição do mais terrível perigo, mas escapou dizendo: "Como, pois, faria eu este tamanho mal e pecaria contra Deus?". Um senso da presença de Deus o preservou naquela ocasião e em todos os outros momentos. Ele foi colocado sobre toda a casa de Potifar porque Deus estava com ele. E assim, queridos amigos, dedicados no serviço ou nos negócios, vocês podem ir ao seu Pai celestial e pedir-lhe que os guie com seus conselhos, e podem ter certeza de que Ele ordenará tudo em seu caminho, de modo que seu chamado profissional do dia a dia não atrapalhe seu chamado celestial, nem sua conduta desminta sua profissão de fé.

A fé exige que vocês busquem a ajuda de Deus quanto ao sucesso de sua profissão do dia a dia. Vocês não conhecem o que diz Davi?: "Se o Senhor não edificar a casa, em vão trabalham os que edificam; se o Senhor não guardar a cidade, em vão vigia a sentinela. Inútil vos será levantar de madrugada, repousar tarde, comer o pão de dores, pois assim dá ele aos seus amados o sono". É uma coisa muito agradável poder, pela fé, consultar o santo oráculo sobre tudo, seja no comércio, na família ou na igreja. Podemos dizer como o servo de Abraão: "Ó Senhor, dá-me, hoje, bom encontro". Você pode esperar sucesso se assim o buscar: e talvez alguns de vocês teriam prosperado mais se tivessem buscado o Senhor com mais fé. Digo "talvez", porque Deus nem sempre prospera até mesmo seu próprio povo nas coisas exteriores, pois às vezes é melhor para suas almas que estejam na adversidade, e então a maior prosperidade é a falta de prosperidade. A fé aquieta o coração nesse assunto, capacitando-nos a deixar os resultados nas mãos de Deus.

A fé atua também em referência ao nosso entorno. Somos todos muito influenciados por aqueles que nos cercam. Deus pode nos gerar amigos que serão eminentemente úteis para nós, e podemos orar para que Ele o faça: Ele pode nos colocar em um círculo da sociedade no qual encontraremos muita ajuda nos assuntos desta vida e também em nosso progresso em direção ao paraíso; e a respeito disso sabemos que "os passos de um homem bom são confirmados pelo Senhor". A fé o manterá longe de más companhias e o compelirá a buscar a companhia dos excelentes desta terra e, assim, colorirá toda a sua vida. Se não houver amigos para ajudá-lo, a dependência do cristão é tão fixada em Deus que ele avança com alegre confiança, sabendo que somente o Senhor é suficiente para ele; no entanto, se ele for encorajado e ajudado por amigos, ele considera isso como obra de Deus, tanto quanto quando Davi foi fortalecido por aqueles que vieram a ele na caverna.

Vocês dizem: "Vemos a conexão disso com a fé, mas como com a fé no Filho de Deus que nos amou e se entregou por nós?". Eu respondo: nosso Salvador, como objeto de nossa fé, também é o objeto de nossa imitação, e vocês sabem, irmãos, como em todas as coisas Ele descansou em Deus. Sempre que Ele empreendeu uma grande empreitada, você o encontra passando uma noite em oração. Se alguém poderia dispensar a oração era nosso Senhor Jesus; se alguma pessoa que já viveu poderia ter encontrado seu próprio caminho sem a orientação celestial, foi Cristo, o Filho de Deus. Se então Ele estava constantemente em oração e exerceu fé no grande Pai, muito mais vocês e eu devemos trazer tudo diante de Deus. Devemos viver na carne esperando que o Senhor Jesus esteja conosco até o fim, e que seremos sustentados e confortados por seu amor e ternura compassivos. A fé nos capacita a seguir a Jesus como o grande Pastor das ovelhas, e a esperar ser guiados no caminho certo, e diariamente mantidos de pé e sustentados até que o Redentor venha nos receber para si mesmo.

III

Em terceiro lugar, a fé exerce um poder notável sobre a vida de alguém porque O LEVA A SERVIR A DEUS EM SUA PROFISSÃO DIÁRIA. Nunca a vida é mais nobre do que quando fazemos todas as coisas como para Deus. Isso torna sublime o trabalho penoso e liga o servo mais insignificante ao anjo mais brilhante. Os serafins servem a Deus no céu, e eu e você podemos servi--lo no púlpito ou na cozinha, e sermos tão aceitos quanto eles são. Irmãos, os cristãos são ajudados pela fé a servir a Deus em sua profissão pela obediência aos mandamentos divinos, esforçando-se para ordenar tudo de acordo com as regras do amor a Deus e do amor aos seres humanos. Nesse caso, a integridade e a retidão preservam a pessoa, e seu negócio se torna a verdadeira adoração. Embora não exista dificuldade em procurar uma espiritualidade excêntrica e uma peculiaridade supersticiosa, ainda assim, ao fazer o que é certo e justo, o comerciante comum é separado para o serviço do Senhor. Jesus diz: "Se alguém me serve, siga-me", tanto quanto para dizer que a obediência ao mandamento divino é o verdadeiro modo de mostrar amor a Jesus. Se você deseja fazer algo grande para Deus, tenha muito cuidado em obedecer aos seus mandamentos: pois "o obedecer é melhor do que o sacrificar; e o atender melhor é do que a gordura de carneiros".

Pessoas de viver santo exercem fé em Deus em suas profissões, tentando manifestar um espírito cristão em tudo o que fazem. O espírito que nos impulsiona pode parecer uma questão pequena, desde que estejamos exteriormente certos; mas é na realidade a essência da coisa toda. Tire o sabor da fruta, ou a fragrância da flor, e o que resta? Assim é viver corretamente sem o sabor da graça. A mesma coisa pode ser feita de várias maneiras: você pode fazer uma coisa certa de uma maneira tão errada que a torne errada. Mesmo ao dar aos pobres, um grosseirão pisará em seus sentimentos no próprio ato de sua caridade; embora eu tenha conhecido outros que foram incapazes de doar e que, no entanto, expressaram sua incapacidade de forma tão gentil que confortaram o suplicante desapontado. Oh, aja em seu comércio e em sua profissão como Cristo teria agido se Ele estivesse em seu lugar. Pendure esta pergunta em suas casas: "O que Jesus faria?", e então pense em outra: "Como Jesus faria isso?", pois o que Ele faria e como o faria podem sempre ser o melhor guia para nós. Assim, a fé leva a pessoa a servir a Deus, levando-a a exibir o espírito de Cristo no que ela normalmente faz, mostrando toda cortesia, gentileza, tolerância, caridade e graça.

Além disso, em tudo o que fazemos, devemos visar à glória de Deus. Devemos fazer tudo como para Deus, e não para as pessoas. Não haveria serviço de aparência se deixássemos de agradar às pessoas e começássemos a agradar a Deus. Nem haveria impaciência sob injustiça; pois se os seres humanos não aceitarem nosso serviço quando o fizermos de todo o coração, nos consolaremos com a reflexão de que nosso Mestre no céu sabe como merecemos pouco a censura injusta. Viver como reis e sacerdotes para Deus é o melhor da vida. Então vocês serão as pessoas livres do Senhor. Sirvam a Deus servindo às pessoas e sirvam às pessoas servindo a Deus: existe uma maneira de elaborar essas duas frases ao máximo e, assim, tornar a vida sublime. Que Deus, o Espírito Santo, nos ensine a fazer isso. Se realmente vivermos para servir a Deus, viveremos intensamente dia a dia, sem perder tempo. Sophia Cook[1] procurou o conselho de John Wesley[2] sobre o que ela deveria fazer na vida, e ele respondeu: "Viva o hoje": uma orientação muito curta, mas cheia de sabedoria; "Viva o hoje", e amanhã você poderá fazer o mesmo. Planos para toda a vida, muitos de vocês podem não ser capazes de fazer, mas lembre-se de trabalhar enquanto existe o dia chamado hoje. "Filho, vai trabalhar hoje na minha vinha" é a palavra do grande Pai. Como alguém viveria se sentisse que deveria viver especialmente para Deus neste dia? Suponha que hoje haja um voto feito por vocês, ou algum outro vínculo, pelo qual vocês sentissem que todo este dia fora solenemente consagrado ao Senhor; como vocês se comportariam? Desse modo é que vocês devem se comportar hoje e todos os dias, pois vocês pertencem totalmente àquele que os amou e se entregou por vocês. Que o amor de Cristo nos constranja neste assunto: coloquemos o jugo de Cristo e sintamos imediatamente que somos sua propriedade comprada com sangue e seus servos para sempre, porque pela fé Ele se tornou nosso e nós somos seus. Devemos viver como pessoas de Cristo em todas as pequenas e grandes questões; quer comamos quer bebamos, ou façamos qualquer outra coisa, façamos tudo para glória de Deus, dando graças a Deus e Pai por Cristo Jesus. Assim, vocês veem, a fé naquele que se entregou

---

[1] Sophia Cook (ou Sophie Cook[e]) Bradburn (?-1834) foi uma metodista inglesa, esposa do Rev. Samuel Bradburn. Foi a pessoa que teve a ideia e ajudou a concretizar a Escola Dominical moderna.
[2] John Wesley (1703-1791) foi um clérigo anglicano, teólogo arminiano e evangelista inglês, líder e precursor do movimento metodista na Igreja Anglicana, que viria a se tornar a Igreja Metodista.

por nós nos leva a gastar nossas energias em seu serviço e a fazer nosso trabalho comum com os olhos em sua glória, e assim nossa vida é colorida e saboreada por nossa fé no Filho de Deus.

IV

Em quarto lugar, a fé tem uma influência muito benéfica sobre a vida que vivemos na carne, pois RECONCILIA O SER HUMANO COM OS DESCONFORTOS DE SUA PROFISSÃO. Nem toda profissão é fácil ou lucrativa, ou honrada na sociedade. É uma circunstância feliz quando alguém adota um negócio que é tão adequado ao seu gosto que ele não o trocaria por outro se pudesse: mas alguns acham seus ofícios enfadonhos. Isso é um mal sob o sol. Alguns empregos são desprezados pelos imprudentes e envolvem muita abnegação, e por isso os que os seguem precisam de muita fé para habilitá-los a viver acima das provações de sua posição. A fé ensina o humilde trabalhador a ver Jesus em toda a sua humildade, condescendendo em assumir a forma de servo por nossa causa. A fé diz: "Jesus, sabendo que havia saído de Deus e que ia para Deus, pegou uma toalha, cingiu-se e lavou os pés aos seus discípulos". Esse foi um dos trabalhos mais servis, e se nosso Senhor e Mestre não o desdenhou, por que deveríamos nos envergonhar da forma mais humilde de serviço? De agora em diante, ninguém os perturbe, mas alegrem-se porque o Salvador do ser humano miserável era um servo assim como vocês, e Ele também foi "desprezado e o mais indigno entre os homens".

Sua fé deve ajudá-lo despertando sua gratidão pela libertação de um trabalho penoso muito pior. Você fez coisas para Satanás das quais agora se envergonha. Qualquer trabalho para o Diabo e para a causa tenebrosa dele seria desonroso: governar um império para Satanás seria uma desgraça para nós; usar a coroa colocada pelo pecado em nossas cabeças seria uma maldição horrível, mas lavar os pés para Cristo é um serviço glorioso. Não há degradação em nada que é feito para Deus. A fé em Deus santifica o ser humano, e também a sua profissão, e torna-lhe agradável carregar a cruz de Cristo no seu trabalho diário. Há alguns que mantêm o nariz empinado, que, no entanto, fazem coisas que são vergonhosas para a humanidade, mas certamente você e eu nunca devemos pensar em nada como uma dificuldade que caia sobre nós por indicação da providência divina.

A fé é uma grande professora de humildade, pois nos pede que pensemos pouco de nós mesmos e descansemos somente em Deus; e porque promove a humildade, torna agradável a tarefa de uma pessoa, quando de outra forma seria cansativa. O orgulho torna uma pessoa altiva: há alguns trabalhos que ela não consegue fazer, embora se sentiria feliz o suficiente em fazê-los se não tivesse ideias tão tolas sobre sua própria importância. O trabalho árduo não é uma desgraça para ninguém; é muito mais degradante levar a vida de um elegante vagabundo. Quando o Senhor nos faz sentir que somos criaturas miseráveis e indignas, não nos importamos em ocupar o cômodo mais baixo ou fazer o trabalho mais desprezível, pois sentimos que, enquanto estivermos fora do inferno e tivermos esperança no céu, o mais desprezível serviço é uma honra para nós. Estamos contentes o suficiente para estarmos onde Deus quer que estejamos, visto que Cristo nos amou e se entregou por nós.

A fé também remove os desconfortos, lembrando-nos de que eles não durarão muito. A fé diz sobre a provação: "Aguente-a! O tempo é curto. Logo o Salvador virá, e o mais insignificante de seus seguidores reinará com Ele". Continue seu trabalho árduo, ó cansado, pois a luz da manhã porá fim ao seu labor, que dura apenas nas horas de escuridão. A glória irrompe; a noite está passando, e a aurora aparece. Portanto, espere paciente e silenciosamente, pois você verá a salvação de Deus. Assim, a fé tira os espinhos de nosso travesseiro e nos faz aprender a nos contentar em qualquer estado em que estejamos. Você chama isso de nada? Jesus não fez muito por nós quando, pela fé nele, aprendemos a suportar os males da vida com doce contentamento?

V

Em quinto lugar, a fé tem esta influência adicional sobre a vida comum: ELA LANÇA TODO O SEU FARDO SOBRE O SENHOR. A fé é a grande removedora de jugos, e faz isso em parte por nos tornar submissos à vontade de Deus. Quando aprendemos a nos submeter, paramos de reclamar. A fé nos ensina a crer em Deus, sabedoria infalível e amor perfeito, para que consintamos na vontade do Senhor e nos alegremos nela. A fé nos ensina a olhar para o fim de cada provação presente e saber que ela coopera para o bem, reconciliando-nos assim novamente com a dor passageira que causa. A fé nos ensina a depender do poder de Deus para nos ajudar na provação e por meio dela, e dessa forma não tropeçamos mais nas aflições, mas nos elevamos acima delas como nas asas da águia. Irmãos, se algum de vocês estiver ansioso, aflito e preocupado, não parem nesse estado de espírito; não pode fazer nenhum bem a vocês; e não irradia nenhuma honra sobre seu grande Pai. Orem por mais fé, para que vocês não tenham de carregar uma carga extenuante, mas possa transferi-la para o grande Carregador de Fardos. Ore ao seu grande Senhor para fortalecer e acalmar seu coração, para que seu único cuidado seja agradá-lo, e para que vocês sejam liberados de todos os outros cuidados. Dessa forma, vocês serão grandemente auxiliados, pois se o fardo for aliviado, será a mesma coisa que se a força fosse multiplicada. Contentar-se com a vontade divina é melhor do que aumentar as riquezas ou remover a aflição, pois com riqueza nenhuma a paz pode vir; e da prosperidade não pode surgir nenhuma alegria no Senhor, mas o contentamento é a própria paz.

Qualquer fardo que a fé encontre em sua profissão diária, ela o lança sobre Deus por meio da oração. Começamos com Deus pela manhã, buscando ajuda para fazer nosso trabalho e fazê-lo bem. Em suas mãos, buscamos orientação e prosperidade de hora em hora. Rogamos a Ele que impeça que façamos algum mal aos outros, ou soframos algum mal deles; e pedimos a Ele que mantenha nosso temperamento e preserve nosso espírito enquanto estivermos com pessoas mundanas. Imploramos que não sejamos infectados pelo mau exemplo de outros, e que nosso exemplo possa ser seguido com segurança. Essas são nossas grandes preocupações nos negócios; trememos com medo de desonrar a Deus em qualquer coisa, e confiamos nele para nos guardar. Um cristão vai a Deus com os assuntos de cada dia e espera que o orvalho da manhã caia sobre ele; ele olha para cima durante o dia esperando que o Senhor seja seu escudo constante e, à noite, antes de ir descansar, ele esvazia os problemas acumulados do dia e, assim, cai em um sono feliz. Então, vive-se docemente quando se vive cada dia, confiando em seu Senhor em tudo e descobrindo que Deus está sempre próximo.

A tudo isso nos conduz o exemplo do Salvador, e seu amor dentro de nossos corações nos atrai. "Confiou no Senhor, que o livre" e "foi ouvido quanto ao que temia".

VI

Em sexto lugar, a fé tem uma influência positiva sobre a vida presente, pois MODERA OS SENTIMENTOS DE UMA PESSOA QUANTO AO RESULTADO DE SEU TRABALHO. Às vezes, o resultado de nosso trabalho é a prosperidade, e aqui a graça de Deus evita o excesso de coisas mundanas. Há um forte teste de caráter na prosperidade. Todo mundo anseia por isso, mas não é toda pessoa que pode suportá-lo quando vier. A verdadeira fé proíbe que demos grande importância aos bens, aos prazeres e aos divertimentos mundanos, pois nos ensina que nosso tesouro está no céu. Se começarmos a idolatrar as coisas que são visíveis, logo degeneraremos e nos afastaremos de Deus. Quão facilmente podemos estragar uma bênção! Dois amigos colheram uma rosa cada um: um a estava cheirando continuamente, tocando suas folhas e manuseando-a como se não pudesse segurá-la com muita força; você não se admiraria que logo tenha murchado. O outro pegou sua rosa, apreciou seu perfume moderadamente, carregou-a na mão por um tempo e depois a colocou na mesa dentro de um recipiente d'água, e horas depois estava quase tão fresca quanto quando foi arrancada do galho. Podemos adorar nossas posses mundanas até que Deus fique com ciúmes delas e envie uma praga sobre elas; e, por outro lado, podemos com santa moderação usar essas coisas para não abusar delas e obter delas o máximo de bem que são capazes de nos trazer. Muitos perseguem a riqueza ou a fama como um menino ansioso caça a borboleta colorida: finalmente, depois de uma longa e cansativa corrida, ele a derruba com seu gorro e com o golpe estraga sua beleza. Muitos atingiram o ápice de uma ambição ao longo da vida e descobriram que era mera vaidade. Ao ganharem tudo, perderam tudo; a riqueza chegou, mas o poder de desfrutá-la se foi; a vida foi gasta na busca e não resta força para aproveitar o ganho. Não será assim com aquele que vive pela fé, pois suas principais alegrias estão no alto e seu conforto está em seu interior. Para ele, Deus é uma alegria tão rica que outras alegrias são comparativamente sem sabor.

Mas talvez o resultado de todo o nosso trabalho seja a adversidade. Alguns remam muito, mas o barco deles não avança. Quando uma oportunidade se apresenta, a maré dos negócios repentinamente se volta contra eles. Quando eles têm grãos no moinho, o vento não sopra.[3] Talvez eles percam tudo, exceto o caráter, e então a fé entra para animá-los sob o desastre. Fico profundamente triste quando ouço falar de pessoas cometendo suicídio porque estavam em dificuldades: é uma coisa terrível, correr assim à frente do Criador sem ser solicitado. A fé sustenta o coração e deixa de lado todo pensamento de tais tentativas desesperadas de fugir das aflições presentes, mergulhando em angústias muito mais terríveis. Iremos suportar e superar nossas provações triunfantemente se tivermos fé em Deus. Se nosso Pai celestial designou um cálice amargo para

---

[3] Para movimentar as velas do moinho de vento.

nós, não devemos bebê-lo? Se os campos que cultivamos não produzem colheitas, e os animais que alimentamos morrem no estábulo, não devemos abaixar a cabeça e dizer: "O Senhor fez isso"? Não deve estar certo se o Senhor o determina? Vamos bendizê-lo mesmo ainda. Se não, será nossa incredulidade que atrapalhará. Quantos foram felizes na pobreza, mais felizes do que na riqueza! Quantas vezes os santos se alegraram mais durante a doença do que com a saúde. Edward Payson[4] declarou que durante a doença sentia-se mais feliz do que nunca, muito mais feliz do que esperava estar. Embora o luto tenha chegado à família e a doença ao lar, a fé aprendeu a cantar em todos os contratempos, porque o Deus dela ainda é o mesmo.

Ó irmãos e irmãs, a fé é um precioso preparativo para tudo e qualquer coisa que vier; lembre-se de que você a tem sempre pronta para a ação. Não a deixe em casa em tempo de tempestade como o marinheiro tolo deixou sua âncora. Não é uma graça estar fechada em um quartinho, ou amarrada à mesa da Ceia do Senhor, ou presa a um banco de igreja, mas é uma graça diária ser nossa companheira na loja e no mercado, na sala de estar e na cozinha, na oficina e no campo; sim, ela pode ir ao abrigo com os pobres, bem como à mansão com os ricos; pode animar as horas sombrias da enfermaria ou santificar as semanas ensolaradas de férias. A fé é para todo lugar em que alguém bom pode estar de forma lícita. "Se o destino comandar você ir até a extremidade da terra verde, para rios desconhecidos da música", ainda assim uma fé pueril em Deus encontrará para você

---

[4] Edward Payson (1783-1827) foi um pregador congregacionalista norte-americano.

um lar em todas as regiões, sob todos os céus. Oh, sintamos o poder disso, como de tudo o que vem do nosso trabalho, para que a vida que vivemos na carne seja vivida pela fé no Filho de Deus, que nos amou e se entregou por nós.

VII

Em sétimo lugar, a fé tem essa doce influência sobre nossa vida atual, que PERMITE A UM PESSOA ALEGREMENTE DEIXAR SUA OCUPAÇÃO QUANDO CHEGA A HORA. Um cristão pode ter que abandonar uma profissão favorita por causa de circunstâncias sobre as quais não tem controle; ele pode ter que emigrar para uma terra distante, ou mudar completamente seu modo de vida, e isso pode envolver muitas reviravoltas em seus sentimentos. Nem sempre é fácil deixar a velha casa e todos os seus arredores e fazer uma longa viagem; nem é agradável mudar os hábitos estabelecidos e recomeçar a vida; no entanto, a verdadeira fé se solta das coisas mundanas e está pronta para içar a âncora e zarpar de acordo com a ordem divina. O cristão diz: "Ordena minha jornada, e eu irei". Sou apenas um morador de tenda e devo esperar estar em movimento. Como Israel no deserto, devemos seguir a nuvem e viajar ou descansar como a nuvem determina, pois aqui não temos cidade permanente, mas buscamos uma que virá. A fé tem a mesma influência graciosa sobre aqueles que desfrutam de prosperidade ininterrupta; isso os impede de criar raízes no solo da terra, e isso é um milagre da graça.

Às vezes, nossas profissões devem ser abandonadas por fraqueza ou velhice. É um aperto difícil para muitas pessoas ocupadas quando sentem que não têm mais forças para os negócios, quando percebem que outras mentes mais vigorosas devem ter permissão para assumir a posição ocupada há muito tempo. O trabalhador não suporta sentir que sua mão perdeu a destreza: é uma experiência dolorida. A fé é um serviço essencial aqui. Ajuda alguém a dizer: "Meu Mestre, sou um dos vasos de tua casa; se me usares, ficarei feliz; mas se me colocares na prateleira, ficarei feliz também. Deve ser melhor para mim ser como tu queres que eu seja". Se a fé se resignar à suprema sabedoria, ao amor e à bondade de Cristo e disser: "Faz de mim o que quiseres: usa-me ou deixa-me de lado", então a aposentadoria será uma libertação dos cuidados, e não uma fonte de angústia. A noite da idade avançada pode ser passada tão alegremente quanto o meio-dia da maturidade, se a mente estiver em Deus. "Na velhice ainda darão frutos" é uma promessa muitas vezes alcançada pelos cristãos, pois ao meu redor estão veneráveis irmãos que são mais úteis e mais felizes do que nunca, embora as enfermidades dos anos estejam crescendo sobre eles.

E então vem finalmente o abandono de sua profissão pela morte, que chegará no devido tempo a todos nós. Então a fé mostra sua máxima energia de bênção. Irmãos, que possamos encontrar a morte como Moisés, que quando Deus o mandou escalar a montanha, pois lá ele devia morrer, não pronunciou nenhuma palavra de tristeza, mas como uma criança obedeceu a seu pai, subiu para sua cama, olhou melancolicamente pela janela a Terra Prometida, e então adormeceu. Quão doce é olhar para a boa terra e o Líbano, e então ser beijado para dormir pelos próprios lábios de seu Pai, e ser enterrado, não se sabe onde. Seu trabalho foi feito e seu descanso chegou. Belas são as palavras de despedida de Samuel quando, ao deixar seu ofício, pôde desafiar todos a testemunhar seu caráter. Que pessoa feliz, para partir em meio à bênção de todos. Oh, que cada um de nós esteja pronto para prestar contas perante o tribunal de Cristo — venha o último dia quando vier.

Nosso Mestre, por cujo amor fomos dotados de fé, ensinou-nos como morrer e também como viver. Ele pôde dizer: "Consumei a obra que me deste a fazer", e Ele nos faria dizer isso. Que pessoa três vezes feliz que, ao deixar de lado o cajado de pastor ou a plaina de carpinteiro, ao deixar de lado o livro-caixa ou o livro de aula, para nunca mais abri-los, pode exclamar: "Combati o bom combate, guardei a fé. Desde agora, a coroa da vida me está guardada, a qual não acaba". O bom e velho Joseph Mede,[5] o puritano,[6] quando era muito velho, e apoiado em seu cajado, foi questionado sobre como estava, e ele respondeu: "Ora, indo para casa o mais rápido que posso; como toda pessoa honesta deve fazer quando termina seu dia de trabalho: e eu bendigo a Deus por ter um bom lar para onde ir". Queridos santos idosos que estão tão perto de casa, a fé não transforma a morte de um inimigo em um amigo, ao trazer a glória tão perto de vocês? Em breve vocês estarão na casa do Pai e me deixarão para trás; e, no entanto, não posso deixar de dizer: lembro-me de que o outro discípulo ultrapassou Pedro e chegou primeiro ao sepulcro, e talvez eu também o faça. Vocês nasceram antes de nós, mas nós poderemos ser chamados para nosso lar antes de vocês,

---

[5] Joseph Mede (1586-1639) foi um acadêmico bíblico inglês em várias áreas de estudo, como hebraico e grego antigos, egiptologia etc.
[6] Que pertencia a um grupo reformista de presbiterianos ingleses rigorosos sobre usos, costumes e a vida cristã, como entendiam, nos séculos XVI e XVII.

pois há últimos que serão os primeiros. Que venha a morte quando vier, não teremos medo, pois Jesus, que nos amou e se entregou por nós, é a ressurreição e a vida. Vivendo esta vida na carne pela fé no Filho de Deus, estamos esperando que o porteiro do bastão negro traga uma mensagem do Rei para nos convocar a encontrá-lo na casa de cima. Por que relutamos em ir? O que há aqui que devemos esperar? O que há nesta miserável terra para deter um espírito nascido no céu e destinado ao céu? Não, vamos, pois Ele se foi, em quem está nosso tesouro, cujas belezas absorveram nosso amor. Ele não está aqui, por que deveríamos desejar estender nossa estada? Ele subiu, subamos nós então.

Assim, desde o início até o fim da vida que vivemos na carne, a fé no Filho de Deus responde a todas as coisas, e todos os seus caminhos destilam abundância.

10

NOSSO LEMA

Servindo de boa vontade como ao Senhor, e não aos homens.
EFÉSIOS 6:7

ESSA sentença foi expressamente dirigida, em primeiro lugar, aos "servos", em cujo termo incluem-se, antes de tudo, aqueles que infelizmente foram escravos. Havia muitos escravos no Império Romano, e a forma de escravidão que então existia era do tipo mais amargo. Posso imaginar um escravo tornando-se cristão e assim encontrando paz quanto à sua culpa anterior e obtendo renovação de coração; e então, embora alegrando-se no Senhor, posso muito bem conceber que ele costumava ficar abatido em vista de sua triste condição como servo. Eu o vejo sentado e gemendo para si mesmo: "Sou um servo de um mestre tirano. Já suportei muitas crueldades e posso esperar muitas mais. Eu estaria livre, mas não há esperança de escapar, pois não há lugar para onde eu possa fugir, pois o braço de César é longo e me alcançaria até os confins da terra. Não posso comprar minha liberdade, nem a ganhar por longos anos de servidão fiel; nem meus companheiros de servidão podem efetuar nossa libertação por meio de rebelião, pois isso foi tentado e terminou em terrível derramamento de sangue. Eu sou irremediavelmente um escravo. O que devo fazer? Como devo aguentar meu destino? Minha vida é quase intolerável: que Deus queira que ela chegue ao fim". Posso imaginar o pobre servo indo para sua cama estreita sob a escada — pois em qualquer buraco ou canto o escravo romano poderia encontrar tão pouco descanso quanto lhe fosse permitido — e ali desejando dormir em outro mundo. Sendo um cristão, como eu suponho, ele derrama seu coração diante de Deus em oração e, em resposta ao seu clamor, o Senhor Jesus coloca diante dele o rico consolo que Ele tem providenciado a todos os que choram consolo forte o suficiente para capacitá-los a perseverar até o fim e glorificar o seu nome mesmo em condições tão difíceis. Embora ainda perturbado mentalmente, essa pessoa livre no Senhor, que ainda serve à outra, é recebida pelo próprio Salvador. Ele aparece para ela — não direi de uma forma que possa ser percebida pelos olhos, mas em uma visão clara o suficiente para ser extremamente influente sobre seu espírito. Jesus está diante dela. Os cinco ferimentos que o adornam como rubis preciosos são indícios infalíveis; o rosto iluminado com um esplendor sobrenatural ainda está marcado com as velhas linhas de tristeza, e a cabeça ainda carrega a coroa de espinhos em sua testa. O pobre escravo se lança aos pés de seu Redentor com espanto, admiração e intenso deleite; e então penso ouvir aqueles queridos lábios, que são como lírios derramando mirra perfumada, dizendo a seu pobre servo: "Cumpra bravamente seu serviço. Faça isso comigo! Esqueça seu mestre tirano e lembre-se apenas de mim. Persevere, trabalhe, sofra e faça tudo como para mim e não para as pessoas". Então, acho que vejo o cativo de coração partido levantando-se revigorado com força interior e o ouço dizer: "Suportarei o jugo até que meu Senhor me chame. A menos que sua providência abra para mim uma porta de liberdade, permanecerei pacientemente onde estou e sofrerei toda a sua vontade, servindo com esperança e alegria porque Ele me pede para fazer isso por causa dele". Uma visão que confortaria tanto o miserável escravo romano em sua situação desesperadora pode muito bem estar diante de cada um de nós. Que cada um de nós ouça nosso Salvador dizer: "Viva para mim e faça tudo por minha causa". Nosso serviço é muito mais agradável e fácil do que o dos escravos, vamos realizá-lo "servindo de boa vontade como ao Senhor, e não aos homens". Nosso lema opulento é: "Eu sirvo"; seja essa frase estampada em nosso estandarte e usada como o grito de guerra da campanha da vida.

Observem bem que o Espírito Santo não nos manda deixar nossa posição para servir ao Senhor. Ele não nos manda renunciar às relações domésticas que nos tornam maridos ou esposas, pais ou filhos, senhores ou servos; Ele não nos sugere vestir um traje peculiar e buscar a reclusão de um lugar de eremitas ou o retiro da vida monástica ou conventual. Nada disso é sugerido, mas Ele pede ao servo que continue em seu serviço — "servindo de boa vontade". Nosso grande Capitão não gostaria que vocês esperassem obter a vitória deixando seu posto. Ele deseja que vocês permaneçam em seu ofício, chamado ou profissão, e o tempo todo sirvam ao Senhor nisso, fazendo a vontade de Deus de coração nas coisas comuns. Esta é a beleza prática de nossa santa fé: quando ela expulsa o demônio de alguém, ela envia esse alguém para casa para abençoar seus amigos, contando-lhes quão grandes coisas o Senhor fez por ele. A graça não transplanta a árvore, mas ordena que ela proteja a velha moradia da família como antes e produza bons frutos onde estiver. A graça não nos torna não terrenos, embora nos torne não mundanos. A verdadeira religião nos distingue dos outros, assim como nosso Senhor Jesus foi separado dos pecadores, mas não nos cala ou nos cerca como se fôssemos muito bons ou muito delicados para o tratamento bruto da vida cotidiana. Não nos coloca na caixa de sal e fecha a tampa, mas nos lança entre nossos semelhantes para o bem deles. A graça nos torna servos de Deus enquanto ainda somos servos das pessoas: ela nos permite lidar com os afazeres do céu enquanto cuidamos dos afazeres da terra: ela santifica os deveres comuns da vida, mostrando-nos como realizá-los à luz do céu. O amor de Cristo torna sublimes os atos mais humildes. Assim como a luz do sol ilumina uma paisagem e derrama beleza sobre a cena mais comum, o mesmo acontece com a presença do Senhor Jesus. O espírito de consagração torna os ofícios de servidão doméstica tão sublimes quanto a adoração que é apresentada sobre o mar de vidro diante do trono eterno por espíritos para quem as cortes do céu são seu lar costumeiro.

Sugiro meu texto a todos os cristãos como lema de suas vidas. Quer sejamos servos ou senhores, quer sejamos pobres ou ricos, tomemos isto como nosso lema: "Como ao Senhor, e não aos homens". Daqui em diante, seja ele a estampa do nosso selo e o lema do nosso brasão, a regra constante de nossas vidas e a soma de nossos motivos. Ao defender esse objetivo gracioso de nosso ser, deixe-me dizer que, se formos capazes de adotar esse lema, ele influenciará, antes de tudo, nosso próprio trabalho; e, em segundo lugar, elevará nosso espírito em relação a esse trabalho. No entanto, deixe-me acrescentar, em terceiro lugar, que se o Senhor realmente for o tudo em toda a nossa vida, é, afinal de contas, apenas o que Ele tem o direito de esperar e o que temos mil obrigações de dar a Ele.

I

Nosso assunto começa com esta reflexão, que, se daqui para a frente, quer vivamos, vivemos para o Senhor; quer morramos, morremos para o Senhor, ESTA CONSAGRAÇÃO INFLUENCIARÁ GRANDEMENTE TODO O NOSSO TRABALHO. Você diz, meu irmão, que daqui para a frente toda a sua vida será um serviço ao Senhor? Então seguirá, primeiro, que você terá de viver com o olhar unicamente em sua glória. Veja como no versículo 5 nos é dito: "Vós, servos, obedecei a vosso senhor segundo a carne, com temor e tremor, na sinceridade de vosso coração, como a Cristo". Se realmente vivemos "como ao Senhor", precisamos viver totalmente para o Senhor. O Senhor Jesus é um Mestre que exige exclusividade. Ele disse: "Ninguém pode servir a dois senhores". Ele terá tudo ou nada. Se de fato Ele é nosso Senhor, deve ser o único soberano, pois não tolerará um rival. Acontece então, ó cristão, que você deve viver para Jesus e somente para Ele. Você não deve ter nenhum objeto igual em importância ou mesmo secundário, ou um objetivo dividido: se você dividir seu coração, sua vida será um fracasso. Como nenhum cachorro pode seguir duas lebres ao mesmo tempo, ou perderá ambas, certamente ninguém pode seguir dois objetos contrários e esperar assegurar qualquer um dos dois. Não;

cabe a um servo de Cristo ser alguém centralizado: seus sentimentos devem estar unidos em um sentimento, e esse sentimento não deve ser colocado nas coisas da terra, mas nas coisas do alto; seu coração não deve estar dividido, ou será dito dele como daqueles em Oseias: "O seu coração está dividido; por isso, serão culpados". A câmara do coração é muito estreita para acomodar o Rei dos reis e o mundo, ou a carne, ou o Diabo, ao mesmo tempo. Não temos nenhum anseio, desejo, ambição ou esforço de sobra para um senhor rival; o serviço de Jesus exige e merece tudo. Tal é a eminência desse objeto, que tudo o que uma pessoa tem ou pode ter de razão ou força deve ser gasto dessa maneira se ela quiser vencer. Também não é demais para nosso grande Senhor esperar isso daqueles por quem Ele tanto fez. A quem devo dar uma parte de mim, meu Mestre? Tu me remiste totalmente, e eu sou totalmente teu; toma plena posse de mim! Quem mais pode ser digno do meu coração? Quem mais pode ter o direito de pisar na terra da qual tu és o Rei? Não; governa sozinho, bendito e único Soberano! Assim como só tu me remiste, pisando o lagar da cólera sozinho por mim, assim tu serás o único monarca de minha alma! Tu és toda a minha salvação e todo o meu desejo e, portanto, terás toda a minha reverência e serviço. Com tal Senhor a ser servido, a correnteza de nossa vida deve correr em um único canal, para que Ele possa ter tudo e nada seja desperdiçado.

Em seguida, para servir ao Senhor, devemos viver com santo cuidado, pois o que diz o contexto? Devemos servir "com temor e tremor". No serviço de Deus, devemos ter muito cuidado para realizar o nosso melhor e devemos sentir um profundo anseio em agradá-lo em todas as coisas. Existe uma atividade comercial chamada coloração de papel, por meio da qual alguém espalha cores sobre o papel para fazer decorações de parede comuns e, por processos rápidos, quilômetros de papel podem ser rapidamente acabados. Suponha que o profissional que faz a coloração de papel ria de um artista famoso porque ele cobriu um espaço tão pequeno, tendo pontilhado e sombreado um pedacinho de seu desenho a cada hora; tal ridicularização seria por si só ridícula. Agora, o modo da religião do mundo é o modo do profissional de coloração, o fazer sem detalhes; há muito dela e é feita rápida, mas o caminho de Deus, o caminho estreito, é algo que demanda cuidado; é em pequena escala e custa reflexão, esforço, vigilância e atenção. No entanto, vejam como é preciosa a obra de arte quando é feita, e quanto tempo ela dura, e vocês não se surpreenderão que alguém gaste seu tempo nela: do mesmo modo, a verdadeira vida de santidade é aceitável a Deus e dura para sempre e, portanto, recompensa bem o sincero esforço divino. O pintor de miniaturas deve ter muito cuidado com cada toque e tonalidade, pois muito pouco pode estragar seu trabalho; que nossa vida seja uma pintura de miniatura: que seja trabalhada "com temor e tremor". Estamos servindo ao Deus três vezes santo, que será reverenciado por aqueles que se aproximam dele; vamos ser cuidadosos com o que fazemos. Nosso bendito Mestre nunca deu uma pincelada errada quando estava servindo a seu Pai; Ele nunca viveu uma hora descuidada nem deixou cair uma palavra ociosa. Oh, foi uma vida cuidadosa que Ele viveu: mesmo as vigílias noturnas não ocorriam sem os profundos anseios que se derramavam em oração a Deus; e se você e eu pensamos que a primeira coisa que vem à mão será útil para servir a nosso Deus, cometemos um grande erro e insultamos grosseiramente seu nome. Devemos ter uma ideia muito baixa de sua majestade infinita se pensarmos que podemos honrá-lo servindo-o pela metade ou de maneira desleixada. Não, se você realmente viver "como ao Senhor, e não aos homens", você deve observar cada movimento de seu coração e vida, ou falhará em seu desígnio.

Viver como ao Senhor significa viver com um espírito dedicado e com zelo sincero para que nosso único serviço seja o melhor ao qual somos capazes quando estamos em nosso melhor estado. Por infelicidade, como é insignificante aquele melhor quando o alcançamos! Com efeito, quando fazemos tudo, somos servos inúteis, mas isso raramente é alcançado.

Além disso, se daqui em diante nosso desejo é viver "como ao Senhor e não aos homens", então o que fazemos deve ser feito com o coração. "Na sinceridade do coração", diz o contexto; e novamente no versículo 6: "Como servos de Cristo, fazendo de coração a vontade de Deus". Nosso trabalho para Jesus deve ser fruto do solo do coração. Nosso serviço não deve ser executado como uma questão de rotina: deve haver vigor, poder, frescor, realidade, entusiasmo e calor, ou não servirá para nada. Nenhum peixe jamais foi levado ao altar de Deus para ser sacrificado porque não poderia chegar lá vivo; o Senhor não quer nada morto e sem coração em sua adoração. Você sabe o que significa colocar o coração em tudo o que fazemos? Explique isso por suas vidas. Uma obra que deve ser aceita pelo Senhor deve ser uma obra do coração do começo ao fim, não alguns pensamentos ocasionais sobre Cristo, e algumas palavras frias, e alguns presentes casuais, e um pouco feita por brincadeira, mas como o coração bate, assim devemos servir a Deus: deve ser a nossa própria vida. Não devemos tratar nossa religião como se fosse uma espécie de importância que recebemos sem esperar, a qual estamos dispostos a manter, mas sem dar-lhe muita atenção, com nossas próprias importâncias do eu e do mundo, com seus ganhos e prazeres. Nosso Senhor será *aut Cæsar aut nullus*,¹ ou será o governante ou nada. Meu Mestre é um marido ciumento: Ele não tolerará um pensamento errôneo de amor para algum outro e considera ser um desprezo que aqueles que se dizem seus amados amem os outros mais do que a Ele. Tal falta de castidade de coração nunca pode ser permitida, não vamos nem sonhar com ela.

Não podemos afirmar que somos de Deus se lhe servirmos apenas com lábios, cérebro e mãos; Ele deve ter o coração. Oh, nosso amado Senhor, tu não poupaste teu coração da agonia por nós; a lança te perfurou, jorrando toda tua dupla torrente que tanto te custou por nossa indigna causa; portanto, tu não podes te contentar em receber em troca rituais sem vida e frias pretensões. Tu realmente viveste; não havia falsidade em tua vida. Em tudo que fizeste foste intenso. O zelo pela Casa de teu Pai te devorou. Tu estavas vestido com zelo como com um manto que te cobria da cabeça aos pés. Vamos viver um pouco dessa maneira gloriosa, pois teu servo só vive verdadeiramente quando vive como seu Mestre. "Todo o que for perfeito será como o seu mestre." Se quisermos viver para o Senhor, as fontes de nossa alma devem fluir como torrentes fervilhantes, e nossa vida deve ser como um grande gêiser islandês lançando suas colunas de água, que fervem e fervilham à medida que

---

¹ Frase latina atribuída a César Bórgia (1475-1507), a qual expressaria sua grande ambição, que significa literalmente "A César ou nada", ou seja, "Ou chegarei a me tornar o principal governante, ou não desejarei nada", e mais geralmente usada significando "Ou tudo, ou nada".

sobem. Assim como grandes terremotos abalam o núcleo da Terra, também deve haver movimentos de vida dentro de nós que mexam nossa alma com veementes anseios por Jesus e com intenso desejo por sua glória. Toda a nossa luz e vida devem se transformar em amor, e esse amor deve estar todo em chamas por Jesus. Se realmente vivemos para Cristo, deve ser assim.

O que mais diz a passagem diante de nós? Se dissermos: "Daqui em diante farei a vontade de Deus como ao Senhor e não aos homens", então devemos fazê-la sob sujeição: pois observem bem as palavras "fazendo a vontade de Deus". A religião de algumas pessoas é apenas outra maneira de fazer sua própria vontade. Elas selecionam e escolhem quais preceitos devem manter e quais devem negligenciar, quais doutrinas devem cumprir e quais devem recusar: seu espírito não se curva à servidão santa, mas toma licença para agir de acordo com seu próprio prazer. A liberdade do cristão reside no que ousarei chamar de "escravidão absoluta a Cristo", e nunca nos tornamos verdadeiramente livres até que todo pensamento seja submetido à vontade do Altíssimo. Ora, se daqui em diante vivo para Deus, não tenho mais o direito de dizer: "Farei isto ou aquilo", mas devo indagar: "Meu Mestre, o que queres que eu faça?". Como os olhos das servas atentam para sua senhora, nossos olhos atentam para ti, ó Senhor. Cristão, seu Mestre deseja você a partir de agora. É inútil dizer: "Viverei como ao Senhor, e não aos homens", quando o tempo todo pretendemos viver à nossa maneira. Qual deve ser o mestre agora, o eu ou Cristo? Em todos os pontos esta questão deve ser resolvida: pois se em algum ponto assumimos o domínio pessoal, o governo de Jesus é totalmente recusado. Ir ou ficar parado, sofrer ou ter prazer, ser honrado ou desgraçado, não fica mais à nossa escolha, ou se temos uma escolha momentânea é resignar-nos alegremente perante a soberania daquele que agora tomamos como nosso tudo em todos. Não há como ser cristão se Cristo não tiver o trono no coração e na vida. É apenas uma zombaria do cristianismo chamar Jesus de Mestre e Senhor enquanto não fazemos as coisas que Ele ordena.

De novo, devemos fazer tudo isso sob o senso da supervisão divina. Observem no versículo 6 o que é dito sobre os servos: "Não servindo à vista, como para agradar aos homens". Que coisa mesquinha e miserável é para alguém apenas fazer bem o seu trabalho quando é observado. Tal supervisão é para crianças na escola e para meros mercenários. Vocês nunca pensam em vigiar pessoas de espírito nobre. Eis aqui um jovem aprendiz pronto para copiar uma figura: seu mestre fica de pé olhando por cima dele e examina cada linha, pois o jovem malandro ficará descuidado e estragará o trabalho dele, ou se dedicará a seus jogos se não for bem fiscalizado. Alguém sonhou assim em supervisionar Rafael[2] e Michelangelo[3] para mantê-los em seu trabalho? Não, o mestre artista não precisa de olhos para obrigá-lo. Papas e imperadores vinham visitar os grandes pintores em seus ateliês, mas eles

---

[2] Raffaello Santi (ou Sanzio) (1483-1520), mais conhecido apenas por Rafael, foi um pintor e arquiteto renascentista de Florença. Celebrado pela perfeição, clareza e suavidade de seus traços do ideal neoplatônico da grandeza humana. Junto com Leonardo da Vinci e Michelangelo forma a tríade de grandes mestres da Renascimento italiano.

[3] Michelangelo di Lodovico Buonaroti Simoni (1475-1564), mais conhecido apenas por Michelangelo, foi um escultor, pintor, arquiteto, anatomista e poeta renascentista de Florença. É um dos mais reconhecidos artistas do Renascimento italiano e foi um dos mais prolíficos.

pintavam melhor porque esses grandes os contemplavam? Certamente não; talvez eles tenham feito tudo pior na emoção ou na preocupação da visita. Eles consideravam algo melhor do que os olhares de pessoas importantes. Assim, o verdadeiro cristão não quer que nenhum olho humano o observe. Pode haver pastores e pregadores que são melhores por serem cuidados por bispos e por presbíteros, mas imaginem um bispo supervisionando a obra de Martinho Lutero e tentando atiçar seu entusiasmo; ou imaginem um presbítero cuidando de Calvino para mantê-lo são na fé. Oh, não! Mentes graciosas excedem o controle e o estímulo que vêm da supervisão do ser humano mortal. O próprio Espírito de Deus habita em nós, e servimos ao Senhor a partir de um princípio interior que não é alimentado de fora. Há sobre um verdadeiro cristão uma sensação dominante de que Deus o vê, e ele não se importa com quem mais pode ficar vigiando-o; basta-lhe que Deus esteja ali. Ele tem pouco respeito aos olhares humanos, ele nem os deseja nem os teme. Deixem a boa ação ficar no escuro, pois Deus a vê ali, e isso basta; ou deixe-a ser ostentada à luz do dia para ser criticada pelos censores, pois pouco importa quem censura, já que Deus a aprova. Isso é ser um verdadeiro servo de Cristo: escapar de ser um servo vigiado, tornando-se, no sentido mais sublime, um servo vigilante, trabalhando sempre sob os olhares de Deus. Se percebêssemos isso, como viveríamos bem! Se agora me lembro, como tento fazer, que Deus ouve cada palavra que falo a vocês deste púlpito, que Ele lê minha alma quando me dirijo a vocês em seu nome, como devo pregar? E se vocês forem à sua classe da Escola Dominical esta tarde, e imaginar Jesus sentado entre os meninos e as meninas, e ouvindo como vocês os ensinam, como vocês ensinariam com fervor. Em casa, quando vocês estão prestes a repreender um criado, ou na loja, quando vocês pensam em fazer uma coisa bastante ríspida, se vocês pensam que seu Mestre está lá e vê tudo, que poder isso terá sobre vocês! Nossas vidas devem ser gastas sob o encanto de "Tu és Deus que vê", e cada um de nós deve ser capaz de declarar: "Tenho posto o Senhor continuamente diante de mim".

Mais um pensamento, e é isso. Se daqui em diante devemos servir ao Senhor, e não aos homens, então devemos buscar o Senhor para nossa recompensa, e não os homens. "Sabendo", diz o versículo 8, "que cada um receberá do Senhor todo o bem que fizer, seja servo, seja livre". Retribuição! É esse o motivo de um cristão? Sim, no sentido mais elevado, pois o maior dos santos, como Moisés, "tinha em vista a recompensa", e seria como desprezar o que Deus promete ao seu povo se não a tivermos em vista. Ter em vista a recompensa que vem de Deus mata o egoísmo que sempre espera uma recompensa das pessoas. Podemos adiar nossa recompensa, e podemos nos contentar, em vez de receber elogios agora, e sermos mal compreendidos e termos nossa imagem distorcida; podemos adiar nossa recompensa, e, ao contrário, podemos suportar isso, e ficarmos desapontados em nosso trabalho, e continuar nos esforçando sem êxito, porém, quando a recompensa realmente chegar, como será gloriosa! Uma hora com Jesus compensará uma vida inteira de perseguição! Um sorriso dele nos compensará mil vezes por todas as decepções e desânimos.

Assim, vejam, irmãos, que se realmente fizermos disso nossa regra e máxima: "Como ao Senhor, e não aos homens", nosso trabalho será moldado e modelado de maneira maravilhosa. Que Deus conceda que a influência desse motivo possa influenciar manifestamente toda a nossa vida daqui por diante, até que a encerremos para este mundo e a iniciemos de novo, onde não precisaremos mudar nosso curso, mas continuaremos eternamente a viver somente para o Senhor.

II

Que o Espírito Santo nos guie enquanto refletimos, em segundo lugar, que, se este texto se tornasse a inspiração de nossas vidas, ELE ELEVARIA MUITO NOSSO ESPÍRITO. O que ele faria por nós? Primeiro, nos elevaria acima de toda reclamação da dureza de nossa sorte ou da dificuldade de nosso serviço. "Ai!", diz alguém: "Estou esgotada. Não posso continuar nesse ritmo. Minha posição é tão terrivelmente penosa que não consigo me segurar por muito mais tempo: ela sobrecarrega não apenas músculos e tendões, mas também nervos e coração. Ninguém poderia carregar meu fardo por muito tempo: meu marido é ríspido, minha amiga é grosseira, meus filhos são ingratos". Ah, pobre coração! Há muitos outros que se desfazem em choro tanto quanto o salgueiro-chorão e como você. Mas tenha bom ânimo e olhe para o seu caso sob outra luz. Se o fardo deve ser suportado por amor de Jesus, que amou e se entregou por você, por cujo precioso sangue você foi remida das penas do inferno, você não consegue suportá-lo? Você não pode suportar isso? "Isso é outra coisa", diz você: "Eu não poderia suportar isso por um mestre irônico; eu não poderia suportar isso por uma patroa irascível e teimosa, mas eu poderia fazer qualquer coisa e conseguiria suportar qualquer coisa por Jesus". Isso faz toda a diferença:

Por Ele considero como ganho cada perda,
E desgraça por Ele, boa reputação;
Bem, que em sua cruz possa eu me gloriar,
Enquanto minha coroa para mim Ele foi preparar!

Estamos satisfeitos em carregar qualquer cruz, desde que seja a cruz do Senhor Jesus. Que maravilhas as pessoas conseguem fazer quando são influenciadas pelo amor entusiástico por um líder! As tropas de Alexandre[4] marcharam milhares de quilômetros a pé e estariam totalmente cansadas se não fosse por sua dedicação a Alexandre. Ele as conduziu conquistando e para conquistar. A presença de Alexandre era a vida de sua bravura, a glória de sua força. Se houvesse um longo dia de marcha sobre areias ardentes, uma coisa elas sabiam: que Alexandre marchava com elas; se elas estavam com sede, sabiam que ele também estava com sede, pois quando alguém trazia um copo de água para o rei, ele o punha de lado, com sede como estava, e dizia: "Dê ao soldado doente". Certa vez aconteceu de elas ficarem carregadas com os despojos que haviam tomado, e cada um ficou rico com belas roupas e pedaços de ouro; então começaram a viajar muito lentamente com tanto para carregar, e o rei temeu que não alcançassem seu inimigo. Tendo uma grande quantidade de despojos que caiu para sua própria parte, ele queimou tudo diante dos olhos de seus soldados e ordenou-lhes que fizessem o mesmo para que pudessem perseguir o inimigo e ganhar ainda mais. "A porção de Alexandre está lá adiante", gritou ele, e

---

[4] Alexandre III da Macedônia, o Grande (356 a.C.-323 a.C.), foi um rei helênico e considerado um dos maiores generais e conquistadores de todos os tempos.

vendo os próprios despojos do rei em chamas, seus guerreiros se contentaram em desistir de seus ganhos também e compartilhar com seu rei. Ele fez a si mesmo o que ordenou que os outros fizessem: na abnegação e nas dificuldades, ele compartilhou plenamente sua sorte com a de seus seguidores. Dessa forma, nosso Senhor e Mestre age em relação a nós. Ele diz: "Renunciem ao prazer pelo bem dos outros. Negue-se a si mesmo e tomem a sua cruz. Sofram, embora possam evitar; trabalhem, embora possam descansar, quando a glória de Deus exige sofrimento ou trabalho de vocês. Não lhes dei um exemplo?". "O qual, sendo rico, por amor de vós se fez pobre, para que, pela sua pobreza, enriquecêsseis." Ele se despojou de todas as coisas para nos revestir com sua glória. Ó irmãos e irmãs, quando servimos de coração a um líder como esse e somos incendiados por seu espírito, então a murmuração, a reclamação, o cansaço e o desânimo desaparecem completamente: uma paixão divina nos leva além de nós mesmos.

> Posso todas as coisas, ou todo sofrimento
> Posso suportar, se meu Senhor estiver lá.

Em seguida, isso eleva o cristão acima do espírito de mesquinhez. Acredito que um grande número de trabalhadores — não vou julgá-los por isso — sempre consideram o mínimo que podem fazer para ganhar seu salário, e a pergunta deles não é mais: "O quanto podemos dar pelo salário?", como costumava ser, mas "Qual o mínimo que podemos dar? Quão pouco trabalho podemos fazer durante o dia sem sermos dispensados por ociosidade?". Muitos dizem: "Não devemos fazer todo o trabalho hoje, pois precisaremos de algo para fazer amanhã: nossos mestres não nos darão mais do que oferecem e, portanto, não daremos a eles mais do que somos obrigados". Este é o espírito geral de ambos os lados e, como nação, estamos indo ladeira abaixo porque esse espírito está entre nós; e seremos cada vez mais derrotados pela competição estrangeira se esse espírito for cultivado. Entre os cristãos, tal noção não pode ser tolerada no serviço de nosso Senhor Jesus. Nunca é bom para um ministro dizer: "Se eu pregar três vezes por semana, é o máximo que qualquer um espera de mim; portanto não farei mais". Nunca será correto você dizer: "Sou professor de Escola Dominical; se eu for direto para a sala — alguns de vocês não fazem isso — e se eu parar apenas enquanto durar a aula, eu não precisarei cuidar dos meninos e meninas durante a semana; não quero ser incomodado por eles: farei tanto quanto for obrigado a fazer, mas não mais". Em uma certa cidade do interior, foi relatado que a esposa do dono da mercearia cortou uma ameixa em duas, com medo de que houvesse um grão a mais do que pesou no embrulho, e as pessoas a chamavam de "Dona Corta-Ameixa". Ah, existem muitos Corta-Ameixas na religião. Eles não querem fazer mais por Jesus do que o absolutamente necessário. Eles gostariam de oferecer um bom peso, mas lamentariam ser condenados por fazer demais. Ah, quando sentimos que estamos servindo a nosso Senhor Jesus Cristo, adotamos uma escala muito mais liberal. Assim, não calculamos quanto perfume será suficiente para os pés do Senhor, mas damos a Ele tudo o que nosso recipiente contém. É esta a sua conversa?: "Olha, traga a balança. Este perfume custou muito dinheiro, devemos ser econômicos. Observe cada dracma, sim, cada tiquinho e grão, pois o nardo é caro". Se essa for a sua maneira fria de calcular, sua oferta não vale um grão de areia. Não foi assim que falou aquela filha do amor de quem lemos nos Evangelhos, pois ela quebrou o recipiente e derramou todo o conteúdo sobre o seu Senhor. "Por que este desperdício?", exclamou Judas. Foi Judas quem assim falou, e vocês sabem, portanto, o valor da observação. Os servos de Cristo se deleitam em dar tanto a ponto de serem considerados esbanjadores, pois sentem que quando, no julgamento dos outros, fizeram extravagâncias por Cristo, eles apenas começaram a mostrar o amor de seu coração pelo querido nome dele. Assim, o poder elevado do espírito de consagração nos eleva acima da desprezível sovinice da mera formalidade.

Mais uma vez, isso nos eleva acima de toda vanglória de nosso trabalho. "O trabalho é bom o suficiente?", disse alguém ao seu criado. O homem respondeu: "Senhor, é bom o suficiente para o preço: e é bom o suficiente para pessoa que vai tê-lo". Exatamente assim, e quando "servimos" às pessoas, talvez possamos julgar corretamente dessa maneira, mas quando passamos a servir a Cristo, há algo bom o suficiente para Ele? Se nosso zelo não conhecesse trégua, se nossas orações não tivessem pausa, se nossos esforços não tivessem relaxamento, se conseguíssemos dar tudo o que temos de tempo, riqueza, talento e oportunidade, se tivéssemos uma morte de mártir mil vezes, não mereceria Ele, o Mais Amado de nossas almas, muito mais? Ah, isso Ele mereceria. Portanto, a autocongratulação está banida para sempre. Quando tiver feito tudo, sentirá que não é digno do incomparável mérito de Jesus e se sentirá humilhado com o pensamento. Assim, ao mesmo tempo que fazer tudo por Jesus estimula o zelo, também promove a humildade, uma mistura feliz de efeitos úteis. A resolução de fazer tudo como ao Senhor o elevará acima do desejo de reconhecimento, que é uma doença para muitos. É uma triste falha em muitos cristãos que eles não possam fazer nada a menos que todo o mundo seja informado disso. A galinha no pátio da fazenda pôs um ovo e se sente tão orgulhosa da conquista que deve cacarejar sobre isso: todos devem saber daquele pobre ovo até que todo o país ressoe a notícia. É assim com alguns que professam ser cristãos: seus trabalhos devem ser publicados, ou eles não conseguem fazer mais nada. "Olha", disse alguém, "estou ensinando na Escola Dominical há anos e ninguém nunca me agradeceu por isso; acredito que alguns de nós que fazem mais, são os menos notados, e que pena". Mas se você prestou seu serviço ao Senhor, não deve falar assim, ou suspeitaremos que você tenha outros objetivos. O servo de Jesus dirá: "Não quero atenção humana. Eu fiz isso pelo Mestre; Ele me notou e estou contente. Tentei agradá-lo, e realmente o agradei e, portanto, não peço mais nada, pois alcancei meu objetivo. Não busco elogios de pessoas, pois temo que o sussurro do louvor humano manche a prata pura de meu serviço".

Isso o elevaria acima do desânimo que às vezes vem da censura humana. Se você busca o elogio das pessoas, provavelmente falhará no presente e certamente o perderá no futuro, mais cedo ou mais tarde. Muitos estão mais dispostos a censurar do que a elogiar; e esperar por seu elogio é procurar açúcar em uma raiz de absinto. O jeito de o ser humano julgar é injusto e parece moldado de propósito para culpar a todos nós de uma forma ou de outra. Aqui está um irmão que canta baixo, e os críticos dizem: "Ah, sim, uma voz de baixo muito boa, mas ele não consegue cantar agudos". Aqui está outro que se destaca nos agudos, e eles dizem: "Sim, sim, mas preferimos um tenor". Quando encontram um tenor, eles o culpam porque ele não consegue alcançar o baixo. Ninguém pode ser francamente elogiado, mas todos devem ser ferozmente censurados. O que o grande Mestre dirá sobre isso? Ele não julgará assim?: "Eu dei a esta pessoa uma voz de baixo, e ela canta baixo, e é isso que eu pretendia que ela fizesse: dei àquela pessoa uma voz aguda, e ela canta agudos, e assim assume o papel que eu queria que ela tivesse. Todas as partes combinadas formam uma doce música para meus ouvidos". A sabedoria é justificada por seus filhos, mas a tolice os culpa em todos os sentidos. Como devemos nos importar pouco com as opiniões e as críticas de nossos semelhantes quando lembramos que aquele que nos fez o que somos e nos ajuda por sua graça a desempenhar nosso papel não nos julgará segundo o modo como as pessoas criticam ou bajulam, mas nos aceitará de acordo com a sinceridade de nossos corações. Se sentirmos: "Eu não estava trabalhando para você; eu estava trabalhando para Deus", não ficaremos muito magoados pelos comentários de nossos semelhantes. O rouxinol encanta o ouvido da noite. Um tolo passa e declara que odeia tais ruídos perturbadores. O rouxinol continua cantando, pois nunca passou pela cabeça nem pelo coração do pequeno menestrel que cantava para os críticos: canta porque quem o criou lhe deu essa doce faculdade. Assim podemos responder àqueles que nos condenam: "Não vivemos para vocês, ó humanos; vivemos para nosso Senhor". Assim, escapamos dos desânimos que vêm da má compreensão mesquinha e da censura ciumenta.

Isso também o elevará acima das decepções do insucesso, sim, mesmo do tipo mais triste. Se aqueles que você busca abençoar não são salvos, mesmo assim você não falhou completamente, pois você não ensinou ou pregou tendo a conquista de almas como o máximo absoluto de seu trabalho; você o fez com o objetivo de agradar a Jesus, e Ele está satisfeito com a fidelidade, mesmo quando não é acompanhada de sucesso. A obediência sincera é o seu deleite, mesmo que não leve a nenhum resultado aparente. Se o Senhor colocasse seu servo para arar o mar ou semear a areia, ele aceitaria o serviço dele. Se tivermos que testemunhar o nome de Cristo para troncos e pedras, e nossos ouvintes forem ainda piores do que blocos de mármore, e se voltarem e nos despedaçarem, ainda podemos estar cheios de contentamento, pois teremos feito a vontade de nosso Senhor, e o que mais queremos? Prosseguir sob aparente fracasso é uma das mais aceitáveis de todas as obras de fé, e aquele que pode fazê-lo ano após ano certamente agrada a Deus.

Isso nos eleva acima do desapontamento com a perspectiva da morte. Teremos de nos ausentar de nosso trabalho em breve, assim nos dizem as pessoas, e tendemos a nos preocupar com isso. A verdade é que continuaremos com nosso trabalho para sempre se nosso serviço for agradável ao Senhor. Vamos agradá-lo lá em cima ainda melhor do que aqui. E se nossa empreitada aqui parece terminar, no que diz respeito aos seres humanos, nós a fizemos para o Senhor e está registrado nas alturas e, portanto, não está perdida. Nada do que se faz para Jesus será destruído: a flor pode murchar, mas sua essência permanece; a árvore pode cair, mas seu fruto está guardado; o cacho pode ser esmagado, mas o vinho é preservado; a obra e o seu lugar podem passar, mas a glória que ela trouxe a Jesus brilha como as estrelas para todo o sempre.

Sim, e isso nos eleva acima da influência mortífera da idade e das enfermidades que vêm com a multiplicação dos anos. O pouco que podemos fazer, fazemos ainda mais completamente para Jesus à medida que nossa experiência amadurece. Se devemos limitar nossa atuação, condensamos e intensificamos a razão. Se estamos vivendo para Cristo, nós o amamos mesmo quando nosso coração esfria para outras coisas. Quando o olho escurece em direção à terra, ele se ilumina em direção ao céu; quando o ouvido mal consegue ouvir a voz dos cantores e das cantoras, ele conhece a música do nome de Jesus; e quando a mão pode fazer pouco nos negócios humanos, ela começa a sentir as cordas de sua harpa celestial para que possa tocar melodias para o Bem-amado. Não conheço nada que possa elevar nosso espírito como obreiros de Cristo como o senso de fazer tudo ao Senhor, e não aos homens. Que o Espírito de Deus nos ajude a subir nessa consagração perfeita.

Não tenho tempo para dizer mais do que apenas estas palavras. O devido senso de servir ao Senhor enobreceria todo o nosso serviço além da concepção. Pense em trabalhar para Ele — para Ele, o melhor dos mestres, diante de quem os anjos consideram glória se curvar. O trabalho feito para Ele é em si o melhor trabalho que pode existir, pois tudo o que o agrada deve ser puro e amável, honesto e de boa fama. O trabalho para o Pai eterno e o trabalho para Jesus são trabalhos bons, e só bons. Viver para Jesus é ser influenciado pela mais nobre das causas. Viver para o Deus encarnado é mesclar o amor de Deus e o amor dos seres humanos em uma só paixão. Viver para o Cristo eterno eleva a alma, pois seus resultados serão duradouros. Quando todos os outros trabalhos forem desfeitos, esse permanecerá. As pessoas falam de pinturas que ficarão para a eternidade, mas nós, em todos os atos, servimos para a eternidade.

Em breve, todos os mundos contemplarão a nobreza do serviço de Cristo, pois ela trará consigo a mais bendita de todas as recompensas. Quando os seres humanos relembram o que fizeram por seus semelhantes, como é pequena a recompensa de uma vida patriótica! O mundo logo esquece seus benfeitores. Muitos e muitos foram exaltados durante a juventude em meio aos aplausos das pessoas e, em sua velhice, foram deixados para morrer de fome em seu túmulo. Aquele que anteriormente espalhou ouro, por fim mendiga por centavos: o mundo o chamou de generoso enquanto ele tinha algo para dar, e quando ele deu tudo, culpou sua imprudência. Aquele que vive para Jesus nunca terá razão de queixa a respeito de seu Senhor, pois Ele não desampara seus santos. Nunca alguém se arrependeu de já ter feito algo para Jesus, exceto de não ter feito dez vezes mais. O Senhor não abandonará seus antigos servos. "Ensinaste-me, ó Deus, desde a minha mocidade; e até aqui tenho anunciado as tuas maravilhas. Agora, também, quando estou velho e de cabelos brancos, não me desampares, ó Deus", tal foi a oração de Davi, e ele estava confiante de ser ouvido. Essa pode ser a confiança de todo servo de Cristo. Ele pode descer à sua sepultura sem problemas; ele pode se levantar e entrar nas terríveis solenidades do mundo eterno sem medo, pois o serviço para Cristo cria heróis para os quais o medo é desconhecido.

III

Concluo dizendo que, se entrarmos no próprio espírito deste discurso, ou mesmo formos além dele, se daqui em diante vivermos apenas para Jesus, de modo a nunca conhecer o prazer separado dele, nem possuir tesouro que não seja Ele, nem honra senão em honra dele, nem sucesso salvo no progresso de seu Reino, MESMO ASSIM NÃO TEREMOS FEITO MAIS DO QUE ESTÁ EM NOSSAS MÃOS NEM MAIS DO QUE ELE MERECE. Pois, primeiro, somos criaturas de Deus. Para quem deve uma criatura viver senão para o seu Criador? Em segundo lugar, somos suas novas criaturas, somos os nascidos duas vezes do céu;[5] não deveríamos viver para a glória daquele de quem fomos gerados? Todos os que creram em Jesus são produto daquele poder divino que ressuscitou o Filho de Deus dentre os mortos; não viverão eles em novidade de vida? Deus tomou esse cuidado conosco, pois Ele nos fez duas vezes, e Ele fez um novo céu e uma nova terra para nós habitarmos; a quem devemos servir com toda a nossa disposição, senão àquele por quem fomos criados de novo? Então vem a redenção. Não somos de nós mesmos, pois fomos comprados por preço. Não ousamos ser egoístas: não podemos colocar o eu em oposição a Deus — mas devo ir além: não podemos permitir que o eu seja considerado separado de Deus. Mesmo quando parece que o eu e Deus podem ser servidos ao mesmo tempo, não deve ser assim; o eu, em qualquer grau, estragará tudo. Nunca devemos ser senhores, mas servos sempre; e servir a nós mesmos é tornar-nos senhores. Volta os seus olhos, ó meu coração, para a cruz e vê aquele que sangra ali, a quem o céu adorou: Ele é a luz da glória, a alegria e a bem-aventurança dos espíritos perfeitos, e, ainda assim, Ele morreu ali em dores indescritíveis — morreu por mim. Ó coração que sangra, meu nome foi gravado em ti! Ó mente torturada, teus pensamentos eram

---

[5] Porque Deus nos cria fisicamente e, depois da conversão, espiritualmente.

todos para mim! Ó Cristo, tu me amaste e ainda me amas, e que eu te sirva parece natural; que eu ore para servir com intenso entusiasmo ardente é um impulso da minha vida. Vocês não reconhecem isso, meus irmãos? Além disso, lembrem-se de que vocês são um com Cristo. A quem a esposa deve servir senão a seu marido? A quem a mão deve servir senão à cabeça? É escasso o serviço. Cristo é seu *alter ego*, seu outro eu — antes, seu próprio eu; vocês não deveriam viver para Ele? Vocês são osso de seus ossos e carne de sua carne e, portanto, devem amá-lo. Deixem um egoísmo impelir vocês a amar o seu Senhor. Nenhuma mão, penso eu, considera difícil estar servindo a sua própria cabeça. Claro, não pode ser difícil prestar serviço àquele com quem estamos unidos por laços e ligaduras de união vital. Ele é a nossa cabeça, e nós somos o seu corpo e a sua plenitude. Enchamos a sua glória! Espalhemos os louvores do seu nome. Deus nos ajude a nunca terminar esta pregação, mas a começar agora e continuar pregando em nossas vidas nesse mundo sem fim. Pois o céu estará nisto; "Não a nós, não a nós, mas ao teu nome seja o louvor; e os princípios do céu estão conosco agora, a juventude, o amanhecer da glória, na proporção em que dizemos de nossas próprias almas: 'Se vivemos, para o Senhor vivemos; se morremos, para o Senhor morremos. De sorte que, ou vivamos ou morramos, somos do Senhor.'" E assim será daqui em diante e para sempre.

Quanto aos que nada sabem disso, visto que não conhecem a Cristo, que o Senhor os leve a crer em Jesus Cristo hoje, para que por sua graça se tornem seus servos. Amém e amém!

SOBRE O AUTOR

CHARLES Haddon Spurgeon nasceu em 19 de junho de 1834, em Kelvedon, Inglaterra, e morreu em 31 de janeiro 1892, em Menton, França. Foi um ministro religioso inglês de tradição reformada. Ele foi pastor do Metropolitan Tabernacle, uma igreja batista de Londres, durante quase quarenta anos. Ele é conhecido mundialmente como "o Príncipe dos Pregadores". Seus sermões inspiradores, além de livros e meditações sobre as Escrituras, têm sido traduzidos para vários idiomas.

Conheça outros livros de Spurgeon publicados pela Hagnos:

- *O Evangelho Segundo Mateus: a narrativa do Rei*
- *Esperança, o perfume do coração*
- *Fé, o alimento da alma*
- *Filhos da promessa*
- *Milagres e parábolas do Nosso Senhor*
- *Perguntas para a mente e o coração*
- *O Grande Deus*

Sua opinião é importante para nós.
Por gentileza, envie-nos seus comentários pelo e-mail:

editorial@hagnos.com.br

Visite nosso site:

www.hagnos.com.br